Horst Kasper

Prügel, Mobbing, Pöbeleien

Kinder gegen Gewalt in der Schule stärken

Die in diesem Werk angegebenen Internetadressen haben wir überprüft (Redaktionsschluss 31. 5. 2003). Dennoch können wir nicht ausschließen, dass unter einer solchen Adresse inzwischen ein ganz anderer Inhalt angeboten wird.

 www.cornelsen.de

Gedruckt auf chlorfrei gebleichtem Papier
ohne Dioxinbelastung der Gewässer.

Bibliografische Information
Die Deutsche Bibliothek verzeichnet diese Publikation in der
Deutschen Nationalbibliografie; detaillierte bibliografische Daten
sind im Internet über http://dnb.ddb.de abrufbar.

5.	4.	3.	2.	1.	Die letzten Ziffern bezeichnen
07	06	05	04	03	Zahl und Jahr der Auflage.

© 2003 Cornelsen Verlag Scriptor GmbH & Co. KG, Berlin
Das Werk und seine Teile sind urheberrechtlich geschützt. Jede Verwertung
in anderen als den gesetzlich zugelassenen Fällen bedarf deshalb der vorherigen
schriftlichen Einwilligung des Verlags.
Konzeption und Redaktion: lüra – Klemt & Mues GbR, Wuppertal
Typografisches Konzept: Magdalene Krumbeck, Wuppertal
Fotos: Dirk Krüll, Panama / laif, Düsseldorf
Umschlaggestaltung: Magdalene Krumbeck, Wuppertal
Satz: stallmeister publishing, Wuppertal
Druck und Bindearbeiten: Clausen & Bosse, Leck
Printed in Germany
ISBN 3-589-21669-7
Bestellnummer 216697

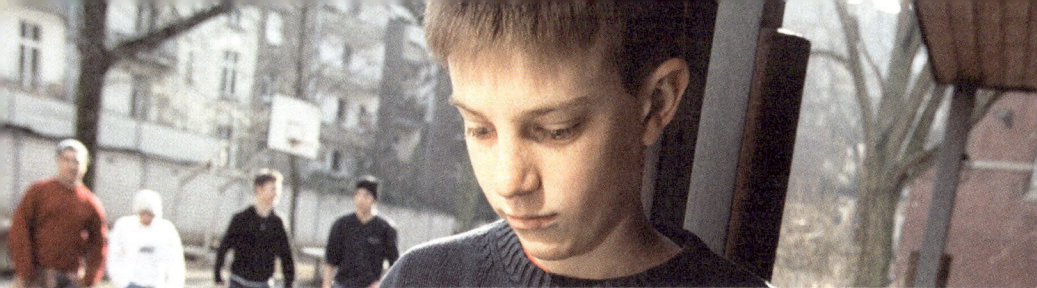

Inhalt

Vorwort 5

Gewalt geht alle Eltern an ... 6
Gewalt hat viele Gesichter 8
    Auch anderswo tut sich etwas 8

Wenn das eigene Kind betroffen ist 10
Meiden Sie Schuldzuweisungen 12
Freiheit mit Grenzen 13
Hinhören lohnt sich 15
Erziehung ohne Gewalt –
was heißt das? 17
    Was tun bei Konflikten? 18
    Leisten Sie Beistand 19
    Lernen Sie gemeinsam 21

Gewalt in der Schule – Hintergründe 22
Aggressivität ist menschlich 22
    Körperliche oder physische
    Gewalt 23
    Seelische oder psychische
    Gewalt 25
    Gewalt gegen die Schulautorität .. 26
    Gewalt durch die Schule 26
Mobbing: eine besondere Form
der Gewalt 28

Darauf sollten Sie achten 29
Gewöhnlicher Konflikt
oder Mobbing? 31
Was beim Mobbing
alles geschieht 32
Tatort Klasse 35
Dem Mobbing begegnen 39
    Hat Mobbing Ursachen? 40
Mobbing hat Folgen 41
    Gesundheitliche Folgen 42
    Folgen für die Schulleistung 42

Das können Sie in der Familie tun 44
Die Sachlage klären 44
Drei Richtungen Ihres Handelns ... 46
    Beistand bewirkt Machtausgleich 47
    Wie Sie eingreifen können 47
Vorbeugen durch Training 48
    Die Stimme 51
    Kopf hoch! 53
    Cool bleiben 53
    Training fürs Mundwerk 55
    Starke Worte 57
    Hilfreiche Gesten 57
    „Muckies" für die Seele 58

Gemeinsames Spiel 60
Fitness für den Alltag 61
Was rate ich meinem Kind? 62
    Vom Recht auf Notwehr 62
    Flucht oder Kampf? 63

**Wenn Ihr Kind zur
Gewalttätigkeit neigt**   **64**
    „Was du nicht willst ..." 65
    Das Gute im Anderen
    entdecken 66
    Etwas wieder gut machen 66
    Zucker für den Löwen 67

**Eltern und Schule:
Gemeinsam handeln!**   **68**
Kontakt zu den Lehrern 68
    Schulinterne Regeln 69
Gespräche mit Erfolg führen 70
Zusammenarbeit der Eltern
der Klasse 71
    Klassenpflegschaft als
    Handlungsebene 71
    Wege zur Besserung 72
Raus aus dem Trott 73
Eltern handeln auf Schulebene 75
    Schulkonferenz als
    zentrales Gremium 75

Schulische Ordnungsinstrumente .. 77
    Schulische Machtmittel 77
Eine Kultur des Miteinander 79

Schule ohne Mobbing und Gewalt   **80**
Die richtige „Philosophie" 81
Bereits erprobte Möglichkeiten 82
    Faires Miteinander 82
    Peaceful School 83
    Faustlos 86
    Streitschlichter, Konfliktlotsen,
    Peacemaker, Schulmediatoren ... 87
    Pax an 88
    No Blame Approach (NBA) 88
    Schüler-Befragung
    zum Mobbing 90
Schulprogramm gegen Mobbing
und Gewalt 90
    Wehret den Anfängen und
    wappnet euch mit Geduld! 91

Serviceteil   **92**
Programme und Projekte 92
Hilfsorganisationen
und Verbände 94
Amtliche Stellen 95
Internettipps 95
Beratung in Notfällen 96

Vorwort

Gewalt gibt es an jeder Schule – offen oder verdeckt. „Schlag doch zurück!", raten nicht wenige Eltern. Aber das trägt sicher nicht zur Entspannung der Situation bei. Eher schafft es neue Schläger. Was also sollte man tun? Eltern müssen vor allem Bescheid wissen: Hat mein Kind Probleme in der Schule? Verheimlicht es mir etwas? Wird es gemobbt oder gar bedroht? Oder, oft überraschend für Eltern, zählt es gar selbst zu den Tätern? Konkrete Vorschläge, Fallbeispiele und zahlreiche Tipps helfen Ihnen, den Problemen im Schulalltag Ihrer Kinder auf den Grund zu gehen. Vielleicht fällt Ihnen beim Lesen einiges auf, das Sie bisher nicht so wichtig genommen, vielleicht auch übersehen und überhört haben. Sie erfahren sehr konkret das Wichtigste über Gewalt im Schulalltag. Nur wenn Sie klug und gelassen reagieren, werden Sie mit Ihrem Kind den unangenehmen Erscheinungen ein Ende machen können. Gemeinsam mit Lehrern und anderen Eltern können Sie ein friedfertigeres Miteinander schaffen. viele Schulen haben eigene Programme gegen Gewalt im Alltag entwickelt.

Mobbingopfer brauchen Ihre Hilfe. Ohne geht es nicht.

Im Alltag erprobte Anregungen helfen, Ihr Kind stark zu machen gegen Gewalt und Pöbeleien. Viele Schulen haben einige Programme gegen Gewalt im Alltag entwickelt. Lassen Sie sich anregen, sich in der Schule Ihres Kindes für Gewaltlosigkeit zu engagieren.

Gewalt geht alle Eltern an

Gewalt kann viele Formen haben. Oft ist es schwer zu durchschauen, wer Druck auf wen ausübt. Nicht immer will man wissen, welches „Warum" hinter einer Aggression steht, vorrangig geht es zunächst darum, die Situation zu beenden. Gleichgültig, ob das eigene Kind als Schläger auffällt oder ob es unter den Ärgereien der Mitschüler leidet. Wer jedoch nachhaltig etwas ändern will, im Interesse des eigenen Kindes, der muss etwas genauer hinschauen.

Bis aufs Blut

Sven war nicht in die Küche gegangen, als er aus der Schule nach Hause kam. Er war förmlich in sein Zimmer im Obergeschoss geschlichen. Seine Mutter rief ihn zum Essen. Sven hatte trotz der spätsommerlichen Wärme einen Pullover mit langen Ärmeln angezogen. Das machte seine Mutter stutzig. Er wirkte merkwürdig bedrückt. Was er denn habe, wollte sie wissen. Schließlich zeigte er widerstrebend seine beiden Unterarme. Er hatte auf jedem drei frische Messerschnitte über die ganze Breite. Nicht sehr tief, aber doch heftig blutend. Drei ältere, starke Burschen seien es gewesen. Sven selbst war für seine knapp vierzehn Jahre ziemlich schmächtig. Sie hätten ihn auf dem Schulhof in eine Hausnische gerufen, als er vom Klassenzimmer zum Schulbus wollte, erzählte er der Mutter widerstrebend. Dort hätten sie ihn gepackt und ihn geschnitten. Sie drohten ihm: Er dürfe niemandem etwas davon sagen, sonst werde er schon sehen, was er davon habe.

Seitdem sind Jahre vergangen. Die Nachforschungen der Polizei verliefen damals im Sande, die der Schule ebenso. Niemand hatte die fremden Jungen gesehen. Keiner hatte eine Idee, wer sie gewesen sein könnten. Die Polizei wollte nicht ausschließen, dass sich Sven die Schnitte selbst beigebracht hatte. Mediziner und Psychologen kennen Fälle von so genannter Autoaggression, Gewalt gegen sich selbst. Sven ist bis heute standhaft bei seiner Geschichte geblieben. „Gewalt" aber ist an seiner Schule durch dieses Ereignis zum Thema geworden und bis heute geblieben.

Setzen Sie das Thema Gewalt auf die Tagesordnung des nächsten Elternabends.

So blutig geht es ja zum Glück nicht immer zu. Christina aus der siebten Klasse zum Beispiel wollte eines Tages nur noch die ältesten Klamotten anziehen, weil sie von ihren Klassenkameradinnen ständig wegen ihrer schicken Kleidung dumm angemacht worden war. Auch sie erlebte auf diese Weise Gewalt, wenn auch ganz anders als Sven.

Sascha ist immer gern zur Schule gegangen. Seit einer Weile druckst er jeden Morgen herum und will am liebsten überhaupt nicht mehr zur Schule gehen. Seine Kameraden lassen ihn nicht mehr an ihren Spielen teilnehmen, weil er angeblich ein Streber sei, erfährt die Mutter auf beharrliche Nachfrage. Dabei lernt Sascha einfach nur gern, er ist neugierig und interessiert sich für alle möglichen Dinge. Gestern haben sie ihn zu dritt verprügelt. Er hat inzwischen Angst vor jedem neuen Schultag.

Mit dem 26. April 2002 ist Gewalt in der Schule endgültig zum Medienthema geworden. An diesem Tag hat der 19-jährige Robert Steinhäuser im Gutenberg-Gymnasium zu Erfurt 16 Menschen brutal erschossen, ehe er die Waffe gegen sich selbst richtete. Fast ein Viertel des Kollegiums, zwölf Lehrerinnen und Lehrer, sowie die Schulsekretärin sind dem Amoklauf zum Opfer gefallen, dazu zwei Schüler und ein Polizist.

Amokläufe sind ein Medienereignis. Mit welchen Folgen?

Wir werden nie erfahren, wie es wirklich zu diesem schrecklichen Racheplan gegen die eigenen Lehrer gekommen ist, auch wenn viele Einzelheiten aus dem Alltag des Schülers bekannt geworden sind. Der Bielefelder Jugendforscher Klaus Hurrelmann meint, Robert müsse durch das

Umfeld total demoralisiert worden sein. Werden wir alle als Lehrer, Eltern und Politiker daraus lernen? Es steht zu hoffen, damit sich Ähnliches nie mehr wiederholt.

Gewalt hat viele Gesichter

Große Gewalt wächst – wie in Erfurt oder zuvor in Meißen und Bad Reichenhall – aus der kleinen, alltäglichen Gewalt. Das hat jeder Amoklauf auf tragische Weise offenbart. Die kleine Gewalt grassiert in vielen Schulklassen. Sie hat viele Gesichter. Nicht wenige Kinder leiden unter mehr oder weniger systematischen Schikanen bis hin zu ausgeprägtem Mobbing.

> **Große Gewalt wächst aus der kleinen, alltäglichen Gewalt.**

Eltern ahnen oft nichts von den Problemen ihrer Kinder, denn sie sind Teil des von außen nicht sichtbaren sozialen Gefüges innerhalb einer Klasse. Mobbing: Der Begriff kommt vom englischen Zeitwort „to mob" für „pöbeln". Das Hauptwort „Mob" ist im Englischen wie im Deutschen gebräuchlich.

Schülerinnen und Schüler erleben nicht selten den Gebrauch schulischer Maßnahmen als Gewalt gegen sich selbst. Hat vielleicht auch Robert Steinhäuser so empfunden? Niemand wird je mit absoluter Sicherheit sagen können, wie in ihm der Mordplan reifte. Sicher scheint nur, dass er den Rausschmiss aus der Schule wenige Monate vor dem Abitur als Gewalt der Institution Schule gegen sich erlebte.

Erfahrungen aus Ihrem eigenen Umfeld haben Sie zu diesem Buch greifen lassen. Lassen Sie sich ermutigen, der Gewalt, die Ihr Kind lebt oder erlebt, entgegenzutreten, sei es nun in der ersten Klasse oder kurz vor dem Abitur.

Auch anderswo tut sich etwas

Gewalt und Mobbing in der Schule ist kein speziell deutsches Problem. Doch in Deutschland wurde es sehr lange heruntergespielt, ja sogar verdrängt. In Skandinavien und Großbritannien, in Kanada, den USA und Neuseeland, in den Niederlanden und auch in Irland stellt man sich der Gewaltproblematik dagegen schon seit Jahren systematisch. Hier hat man seit langem den Zusammenhang zwischen einem guten, sozialen Klima ohne Gewalt und guten Lernergebnissen erkannt.

In Finnland, seit der PISA-Studie Vorbild für ein modernes und erfolgreiches Schulsystem, wird jedes Kind nach seinen besonderen Bedürfnissen gefördert, um seine Begabung voll entfalten zu können. Die Förderung gilt sowohl dem Lernen wie dem Verhalten. Das steht der schwer überwindbaren deutschen Gewohnheit ganz entgegen, die jungen Menschen früh nach ihrer „Leistung" festzulegen anstatt sie nach Kräften zu fördern, sie für Fehlverhalten abzustrafen anstatt sie mit Anteilnahme zu begleiten.

Null Bock ist so etwas wie passiver Widerstand.

Gewalt in der Schule hat viele Formen. Sie geht von gleichaltrigen wie von älteren oder jüngeren Mitschülern aus. Die Institution Schule selbst hat Macht. Und wo Macht ist, droht immer auch ihr Zerrbild, die Unterdrückung. So geht Gewalt außer von Schülern auch von Lehrern aus. Sie kann sich aber auch gegen Lehrer selbst richten, wie aus vielen Fällen von Mobbing gegen Lehrkräfte bekannt ist, sei es von Kollegen- oder Schülerseite.

Die „Null-Bock-Haltung" zum Beispiel ist eine ausgeprägte Verweigerungshaltung, die durchaus etwas von passivem Widerstand hat, eine Form der Machtdemonstration. Dazu kommen viele Formen bewusster Regelverstöße wie das Verweigern der Hausaufgaben oder das Schwänzen der Schule, heimliches Rauchen oder Drogenkonsum. Diese Konfliktspannung rund um Schule und häusliche Erziehung wird es immer geben. Aber es gilt, diese Aufgabe stets aufs Neue konstruktiv und verständnisvoll anzunehmen und angemessene Lösungen zu suchen.

„Wir brauchen jeden. Hoffnungslose Fälle können wir uns nicht leisten." So lautet ein Wahlspruch in Finnland. Unser Schulsystem fördert dagegen noch immer eher das Versagen als das Lernen, wie man mit Schwierigkeiten erfolgreich umgeht.

Wenn das eigene Kind betroffen ist

Sie haben vermutlich Ihre eigenen leidvollen Erfahrungen mit dem Thema „Schule und Gewalt". Seien es die Spuren von Raufereien, die Sie seit einiger Zeit mit Besorgnis wahrnehmen und über die Ihr Kind nicht reden möchte. Sei es die unerklärliche Bedrücktheit, mit der es neuerdings morgens zur Schule geht, oder sei es, dass es in jüngster Zeit seine Freizeit lieber für sich als mit Freundinnen oder Freunden verbringt. Es könnte auch sein, dass sich plötzlich die Alltagssprache verändert, dass immer mehr rohe und gemeine Ausdrücke zu hören sind. Gerät Ihr Kind neuerdings leicht in Wut, obwohl es bisher immer heiter und zufrieden war?

Nach der UN-Kinderkonvention werden alle Heranwachsenden bis zum vollendeten 18. Lebensjahr als Kinder bezeichnet. Wir halten uns der Einfachheit halber weitgehend an diese Definition. Schließlich bleibt auch Ihr sechzehnjähriger Sohn Ihr Kind.

Sie können auch das Glück haben, dass Ihr Kind sich mit seinen kleinen und großen Sorgen des Schulalltages vertrauensvoll an Sie wendet. So erfahren Sie vielleicht von Dingen, die Sie bisher nur vom Hörensagen oder aus dem Fernsehen kannten und die Sie alarmieren: Klassenkameraden haben Messer in der Tasche, um sich gegen Gemeinheiten zur Wehr zu setzen, wie sie ihnen täglich drohen. Manche versuchen sogar „bewaffnet" andere unter Druck zu setzen, manchmal massiv.

Es können aber auch ganz andere als die geschilderten Beobachtungen sein, die Sie selbst in diesem Zusammenhang gemacht haben. Die Alltagserscheinungen von Gewalt rund um den Schulbesuch unserer Kinder sind ja vielfältig und mit den genannten Beispielen nicht einmal ansatzweise umrissen. So müssen Sie sich vielleicht mit dem Problem auseinander setzen, dass ausgerechnet Ihr Sohn sich anderen gegenüber ungewöhnlich aggressiv verhält und von einem Lehrer gar als „Schläger" bezeichnet wird, wo Sie ihn doch zu Hause als ausgesprochen lieb und nett erleben.

Das soll meiner sein?

Jochen war aus irgendwelchen Gründen, die er heute selbst nicht kennt, auf Wunsch seiner Eltern nicht mit den Kameraden aus der Kindergartengruppe in die gleiche Grundschulklasse gekommen. Er fühlte sich unter den Klassenkameraden allein. Die anderen ließen ihn nicht mitspielen. Er muss schon nach wenigen Wochen eine Art Prügelknabe gewesen sein. Seine Mutter erinnert sich, wie er in der großen Pause immer wieder nach Hause gelaufen kam. Sie begleitete ihn dann zum Pausenende wieder in die nahe

> **Seien Sie glücklich, wenn Ihr Kind sich vertrauensvoll an Sie wendet!**

gelegene Schule. Die Mutter suchte in der zweiten Klasse das Gespräch mit der Klassenlehrerin. Die Lehrerin stand jedoch auf dem Standpunkt: „Das müssen die Kinder untereinander ausmachen. Da mische ich mich nicht ein!"

So gingen die Schikanen immer weiter bis in die vierte Klasse. Dort gewann Jochen Peter zum Freund. Peter war zum Schuljahresbeginn neu in die Klasse gekommen und ein Jahr älter als Jochen. Er war kräftig. Obgleich ihn die anderen ebenso ablehnten wie Jochen, trauten sie sich nicht, über ihn herzufallen. Er hatte gleich beim ersten Mal ordentlich ausgeteilt.

Von Peter lernte Jochen, die Angst abzulegen. Und nicht nur das: Von nun an schlug er zurück. Bisher hatte er sich stets nur geduckt, hatte lieber die Flucht angetreten als Prügel zu bekommen. Nun stellte er sich mutig und schlug lieber gleich selber zu als den ersten Hieb einzustecken. So galt er bei den Lehrern bald als ungewöhnlich aggressiv. Sie nannten ihn fortan einen Schläger.

Sie als Mutter oder Vater können das Geschehen in der Schule niemals oder doch höchst selten selbst beobachten. Sie sind angewie-

> **Tipp**
>
> Schwere Gewalt kommt nicht über Nacht. Sie hat eine Vorgeschichte. Und es kommt darauf an, dass dies in der Umgebung frühzeitig erkannt wird. Schärfen Sie deshalb Ihre Sinne für unerklärliche Veränderungen. So bauen Sie Ihr persönliches Frühwarnsystem auf. Wenn Sie nicht weiter wissen, sollten Sie Rat suchen. Sprechen Sie zunächst die Lehrer an, die Ihr Kind aus einer anderen Perspektive kennen. Vielleicht ist ein Gespräch mit einem Schulpsychologen oder in einer Erziehungsberatungsstelle hilfreich.

sen auf Informationen aus dritter Hand oder Sie müssen darauf vertrauen, dass Ihr Kind Ihnen erzählen wird, wenn ihm Schlimmes widerfährt.

Robert Steinhäuser hat gar nichts mehr erzählt. Er war mit seinen 19 Jahren volljährig. Seine Mutter hat ihm noch alles Gute zur Abiturprüfung gewünscht, bevor sie morgens an diesem denkwürdigen 26. April 2002 zur Arbeit ging. Aber ihr Robert ging schon lange nicht mehr zur Schule. Und niemand tat etwas dagegen. „Er war ja volljährig!", lautete die lapidare Erklärung. Volljährig ins Nichts gefallen!

Das schreckliche Geschehen in Erfurt war das Ende eines Dramas mit vielen Akten, das sich in den Jahren des Schulbesuchs ereignet haben muss. Es gibt sicher viele und nicht nur eine Ursache für eine solche Fehlentwicklung. Die Flucht in die Welt der Horrorvideos und Mordspiele am Computer, der Kauf von und das Training mit Waffen, das war bereits Zuspitzung und Ende einer lebensbedrohlichen Entwicklung und nicht deren Anfang.

Meiden Sie Schuldzuweisungen

Bei Problemfällen, besonders aber bei schweren Konflikten, wird gern zuerst nach Schuldigen gesucht. Das ist bequem! Wer mit dem Finger auf andere zeigt, steht selbst nicht in der Schusslinie. Schuldzuweisungen helfen aber in keinem Fall. Besser ist es zu fragen: Was ist geschehen? Wer war beteiligt? Was kann ich, was können wir gemeinsam, und was kann mein Kind tun, um den Schaden zu heilen und die Wiederholung in Zukunft zu vermeiden?

Sehr beliebt ist es auch, die eigene Zuständigkeit für ein Problem zurückzuweisen. Aus Lehrermund ist vielfach zu hören: Erziehung ist Sache der Eltern. In Wahrheit ist sie eine gemeinsame Aufgabe. Erziehung im Sinne einer guten und einfühlsamen Führung gelingt am besten, wenn alle Beteiligten konstruktiv zusammenwirken. Vor diesem Hintergrund wird deutlich, dass auch ein Zurückweisen von Zuständigkeit eine Schuldzuweisung beinhalten kann. Dennoch sollten Sie nicht aus dem Blick verlieren, dass es wichtig und richtig ist, Grenzen des eigenen Handelns zu erkennen. Das gilt für Sie ebenso wie für die zuständigen Lehrerinnen und Lehrer. Insofern ist die Entscheidung über angemessene Maßnahmen eine stete Gradwanderung. Bleiben Sie wach und schauen Sie genau hin: Es ist wichtig herauszufinden, wer auf welche Weise an einem Problem beteiligt ist.

> **„Um ein Kind zu erziehen, braucht man ein ganzes Dorf",** lautet ein afrikanisches Sprichwort.

Freiheit mit Grenzen

In den vergangenen fünfzig Jahren hat sich das Bild von Erziehung in der und durch die Familie gründlich gewandelt. Alte Zwänge wurden überwunden, aber viele Eltern sind infolgedessen verunsichert, was denn nun der richtige Weg sei. Nicht wenige glauben sogar, das Gewährenlassen sei die beste Form der „Erziehung": Laisser-faire, wie die Franzosen sagen. Aber es zeigt sich, dass dies ein risikoreicher Weg ist; denn eine verantwortungsbewusste Erziehung ist ohne die Vereinbarung von Regeln und Grenzen nicht möglich. Vielen Eltern, vielleicht auch Ihnen, lassen die Lebensumstände nicht so viel Zeit und Kraft für diese Aufgabe, wie Sie es sich vielleicht für den Idealfall wünschen würden. Die Berufstätigkeit beider Elternteile ist keine Seltenheit, Ganztagsbetreuung

> **Tipp**
> Laisser-faire, das schlichte Gewährenlassen, ist Nichterziehung. Kinder können vieles nur durch behutsame Begleitung und verständnisvolle Anleitung lernen.

in vielen Familien an der Tagesordnung. Solange Kinder professionell betreut werden, ist dies kein Problem. Schwierig kann es werden, wenn sie sich selbst überlassen bleiben.

Kinder wissen heute über viele Dinge viel besser Bescheid als seinerzeit ihre Großeltern oder Eltern. Doch wo es an konsequenter Erziehung fehlt, da haben sie oft kaum gelernt, mit anderen zusammenzuarbeiten oder sich über längere Zeit hinweg mit Ruhe und Geduld auf eine Aufgabe einzulassen. Lehrer und Lehrerinnen beklagen, dass es leider zunehmend mehr Kindern an grundsätzlichen Fertigkeiten mangele. Manche Kinder können zum Beispiel bei Schulbeginn noch nicht sicher mit einem Stift umgehen. Andere sind es nicht gewohnt, sich richtig und angemessen mitzuteilen.

Elternhaus und Schule müssen zum Wohle der Kinder zusammenwirken.

Es wird nicht leicht zu klären sein, was die im internationalen Vergleich verheerenden Ergebnisse der PISA-Studie in Deutschland nun tatsächlich hervorgerufen hat. Was im Elternhaus an rechtzeitiger Erziehung und auch Bildung versäumt wurde, können Schulen nur mit Mühe ausgleichen. Zudem mangelt es dort wiederum an Personal und Zeit, bisweilen vielleicht auch an Bereitschaft für eine gezielte Förderung. Das deutsche Schulsystem steht auf dem politischen Prüfstand.

Die Ausgangslage für den Schulbesuch eines Kindes ist also ein wenig unübersichtlich. Vielleicht müssen Sie feststellen, dass Ihr Kind offen für Neues und mit einer breit angelegten Frühförderung im Rücken in eine Schulklasse kommt und dort auf Kinder trifft, die keine Grenzen kennen und den gesamten Unterricht torpedieren. Die Ungleichheit der Schülerinnen und Schüler kann eine Quelle der Gewalt sein, wenn die Schule nicht über ein geeignetes Konzept verfügt, ihr zu begegnen.

Um diese Entwicklung in andere Bahnen zu lenken, bedarf es auch eines klaren Engagements möglichst vieler Eltern. Machen Sie mit! Und lassen Sie sich nicht ins Bockshorn jagen oder ausbremsen. Es lohnt sich – für Ihr eigenes Kind und die Kinder der Umgebung. Seien Sie Ihrem Kind eine starke Mutter und ein starker Vater! Stärke hat etwas mit Verantwortung, Konsequenz und Autorität zu tun, aber nichts mit Gewalt.

Hinhören lohnt sich

In manchen Familien beschränkt sich das tägliche Gespräch auf den äußerlichen Ablauf, auf Termine und Erledigungen. Müttern und Vätern fällt dann und wann etwas auf, das nicht in Ordnung sein kann, aber es wird nicht immer angesprochen. Oft mögen Zeitmangel und Belastung in Beruf und Haushalt ein weitergehendes Eingehen auf die eigenen Kinder erschweren. Aber Eltern dürfen trotz ihrer vielfältigen Belastungen nicht aus ihrer Verantwortung für die Kinder austreten.

Vielleicht erleben Sie, dass Sie brüsk abgewiesen werden, wenn Sie das Gespräch mit Ihrem Sohn oder Ihrer Tochter suchen – insbesondere sicher in der Pubertät. Das ist natürlich sehr kränkend und es kostet Kraft, dennoch am Ball zu bleiben. Vielleicht fragen Sie sich, wie man es schaffen kann, Widerstände zu überwinden und im Gespräch zu bleiben? Es gibt Fragestellungen, die als „Türöffner" bezeichnet werden, weil sie zum Gespräch einladen.

Sie wollen ja etwas über die möglicherweise belastenden Dinge erfahren, die Ihr Kind erlebt. Dafür sucht es Ihren ruhigen und überlegenen Beistand.

Eine Möglichkeit, besonders für die Jüngeren: Machen Sie den Vorschlag, ein Bild zu malen. Darüber können Sie anschließend leichter ins Gespräch kommen, indem Sie nach der Bedeutung der einzelnen Bildinhalte fragen und sich die gezeigten Vorkommnisse erzählen lassen.

> „Ein Bild sagt mehr als tausend Worte", sagt das Sprichwort. Bitten Sie Ihr Kind einmal, ein Bild zu malen, auf dem man sehen kann, was passiert ist.

> Es lohnt sich, wenn Sie als Eltern allein und mit anderen zusammen für eine bessere Schule arbeiten. An Ihrer eigenen Schule und für Ihr eigenes Kind, aber auch für viele andere, denen dadurch geholfen werden kann.

So kommen Sie mit Ihrem Kind ins Gespräch

- Nehmen Sie sich Zeit, wenn Sie Ihr Kind fragen möchten, was es bewegt. Bringen Sie Geduld auf.
- Wenden Sie sich Ihrem Kind ganz zu und schauen Sie es an.
- Hören Sie ihm mit voller Aufmerksamkeit und ehrlicher Anteilnahme zu. Unterbrechen Sie es nicht, lassen Sie es ausreden.
- Achten Sie darauf, was Ihnen Hände, Füße und das Mienenspiel sagen wollen! Vertrauen Sie Ihrem Gefühl. Zeigen Sie sich unbeeindruckt von Imponiergehabe.
- Nehmen Sie Ihr Kind in den Arm, wenn es dies zulässt, oder halten Sie seine Hand.
- Verzichten Sie auf billigen Trost nach der Art: „Das wird schon wieder!"
- Fragen Sie offen, lassen Sie jede Art von Antwort zu:
  – Bedrückt dich etwas?
  – Kannst du darüber reden?
- Zeigen Sie Verständnis.
- Versuchen Sie, Lösungsansätze herauszuarbeiten.

Erziehung ohne Gewalt – was heißt das?

Eltern sind ihren Kindern Vorbild, ob sie wollen oder nicht. Kinder lernen durch Beobachten. Naheliegenderweise verhalten sich Erwachsene so, wie sie es gelernt haben. Ohne groß nachzudenken, macht man Dinge so, wie sie bereits die Eltern gemacht haben. Dies gilt nicht selten auch für die Erziehung der eigenen Kinder. Die Art, wie die Eltern miteinander und mit ihren Kindern umgehen, hat jedoch weit reichende Auswirkungen. Da lohnt es sich, das eigene Verhalten mit etwas Abstand zu prüfen. Auseinandersetzungen werden im Erleben vieler Kinder mit Drohung und Gewalt verbunden. Manche Eltern glauben ihre Kinder gar auf die raue Welt am besten dadurch vorzubereiten, dass sie sie direkt zur Gewaltausübung ermuntern.

Es geht auch ohne Druck, Drohung und Gewalt.

Setz dich durch!

Der Klassenlehrer der 7b beabsichtigte eine Befragung der Klasse mit einem Fragebogen mit für diesen Zweck vorbereiteten Fragen, weil es in der Klasse täglich heftige Streitereien gab und sich insbesondere einige Mädchen über die Grobheiten eines bestimmten Jungen beklagt hatten. Das betroffene Elternpaar verbat sich die Einmischung in seine Angelegenheiten. Es erklärte: „Wir erziehen unsere Kinder zur Durchsetzungsfähigkeit. Sie müssen auf die raue Welt vorbereitet sein. Da lassen wir uns von Ihnen nicht reinreden!" Sie mussten bei einem langen Elternabend erleben, dass sich andere Eltern massiv über das Verhalten des stetig aggressiven Jungen beschweren. Sie machten hauptsächlich ihn für das Klima der Gewalt in der Klasse verantwortlich und forderten, dass die Eltern des Jungen die Bemühungen der Lehrer um ein faires Miteinander und um gute Zusammenarbeit künftig fördern statt blockieren sollten.

Richten Sie ehrlich den Blick auf Ihre Familie und prüfen Sie, wie Sie miteinander umgehen. Haben sich Verhaltensweisen eingeschlichen, die ein gleichberechtigtes, offenes Miteinander behindern? Reagiert ein Elternteil vielleicht genervt oder desinteressiert auf Anliegen der Kinder? Ist der Ton rau und manchmal gar nicht mehr herzlich? Rutscht Ihnen gar manchmal die Hand aus? Nobody is perfect und Eltern stehen oft unter großem Druck.

Niemand darf von Ihnen erwarten, dass Sie dem Idealbild eines Vaters oder einer Mutter entsprechen. Doch Sie sind es Ihrem Kind schuldig, Ihr Verhalten von Zeit zu Zeit mit ein wenig Abstand zu betrachten.

Was tun bei Konflikten?

Was gute Partnerschaft heißt, das lernen wir alle unser Leben lang. Oft ist der gute Wille da, aber es fehlt an Erfahrung. Werden Auseinandersetzungen mit den eigenen Kindern dann ernst, sprechen wir zu guter Letzt Anordnungen aus, gegen die kein Widerspruch geduldet wird. Wir haben es vielleicht selbst in unserer Kindheit nicht anders gekannt. Kinder lernen wesentlich durch Nachahmung, prägen sich das Verhalten der Erwachsenen in ihrer Umgebung ein. Es wird zum Leitsystem des eigenen Verhaltens. Deshalb sind Erwachsene Vorbilder. Gute oder schlechte. „Ich kann eben nicht anders!" Doch, Sie können! Auch Erwachsene lernen dazu, wenn es auch schwer sein mag. Zeit und Mühe, die Sie dafür aufwenden, lohnen sich wirklich. Außerdem sind Sie Ihrem Kind ein Vorbild, wenn Sie selbst lernbereit sind.

Eltern sind Vorbilder für das Verhalten ihrer Kinder.

Vater und Mutter müssen sich aber nicht für einen gelegentlichen Ausrutscher schämen. Aber Ihre Kinder besitzen ein feines Gespür dafür, ob Sie sich grundsätzlich um gewaltfreie Lösungen bemühen oder nicht. Sie lernen von Ihnen, ob Sie das wahrhaben wollen oder nicht. Und sie werden künftig vieles ebenso machen, wie sie es bei Ihnen gesehen und gehört haben.

> **Seit Herbst 2000 schützt die folgende Bestimmung des Bürgerlichen Gesetzbuches die körperliche und seelische Unversehrtheit unserer Kinder:**
>
> „Kinder haben ein Recht auf gewaltfreie Erziehung. Körperliche Bestrafung, seelische Verletzungen und andere entwürdigende Maßnahmen sind unzulässig."

Partnerschaftliche Konfliktlösung kann in einer Gesellschaft auch dadurch gefördert werden, dass immer mehr Menschen lernen, wie es auch anders geht als mit Druck, Drohung und Gewalt. Machen Sie mit!

Leisten Sie Beistand

Manche Eltern haben wenig Ahnung davon, wie ihr halbwüchsiges Kind in der Öffentlichkeit auftritt. Was wohl Eltern zu dem Schimpfwort „Friedhofsgemüse" gegenüber gehbehinderten Senioren im Bus sagen würden? Solche Verrohung ist nicht hinnehmbar. Hier zeigt sich eine besondere Form der Gewalt, die nur durch Zivilcourage von Seiten Erwachsener zu kurieren ist. Wer so etwas sieht und hört, muss sich mit dem Jugendlichen anlegen, wenn dieser lernen soll, wo seine Grenzen sind. In der Regel zeigen Betroffene höchstens ohnmächtigen Zorn. Wie aber, wenn die Umsitzenden oder -stehenden sich solidarisch erklären und dem jungen Mann deutlich machen, dass er entweder freiwillig aufstehen oder den Bus verlassen kann?

Frechheit verschafft Jugendlichen eine besondere Anerkennung in ihrer Clique. Lehrer können ein Lied davon singen. Wie kann ein Abgleiten in unzumutbares Verhalten verhindert werden? Solche Entwicklungen verlaufen meist über einen langen Zeitraum hinweg. Je früher sie erkannt werden, desto größer sind die Chancen für eine rasche Änderung zum Besseren hin.

> **Zu spät ist es nie. Eine Fehlentwicklung kann tätig und lernend überwunden werden.**

Was kann ich dafür?

Stefan terrorisierte an seinem Wohnort, einem kleinen Städtchen, andere Schülerinnen und Schüler. Auch im Schulbus zum Nach-

> **Geben Sie nicht das Beste schlechthin, aber geben Sie immer Ihr Bestes, sei es an Herzenswärme, Verständnis, Zuverlässigkeit oder auch Wissen. Ihr Kind hat es verdient.**

> **Tipp**
>
> Entscheiden Sie sich zum Handeln, wie auch immer das Problem aussehen mag. Stehen Sie Ihrem Kind bei, selbst wenn es dies als Einmischung empfinden mag. Wenn Sie unsicher sind, was der richtige Weg ist, sollten Sie Rat suchen; gegebenenfalls auch außerhalb der Familie.

barstädtchen, wo er die Realschule besuchte. Er war damals vierzehn Jahre alt und hatte es besonders auf Schwächere abgesehen, auf Mädchen und Jüngere.

Eines Tages beschwerten sich die Eltern eines gleichaltrigen Mädchens. Stefan hatte es mitten im Städtchen mit freundlichen Gesten angehalten, als es dort mit dem Fahrrad zum Einkaufen unterwegs war. Doch der Ton wechselte rasch. Stefan verlangte Geld, packte das verdutzte Mädchen von hinten und hielt ihm ein Messer an den Hals. Nach kurzer Zeit ließ er los und erklärte, er habe nur einen Spaß machen wollen. Das Mädchen aber hatte die Aktion keineswegs spaßig empfunden, sondern sich massiv bedroht gefühlt. Ein jüngerer Schüler, den das Mädchen als Zeugen angegeben hatte, berichtete, dass auch er immer wieder Ziel von Angriffen Stefans am Wohnort sei.

Die Mutter erhielt eine schriftliche Mitteilung über die Vorkommnisse und die Ankündigung, ihr Sohn werde im Fall der Fortsetzung dieses Verhaltens für bis zu vier Wochen vom Unterricht ausgeschlossen. Sie zeigte sich völlig uneinsichtig. Das ginge die Schule überhaupt nichts an. Sie erklärte, sie schicke ihren Sohn lieber in eine Privatschule. So kam es. Nach rund vier Wochen war auch das beendet und der Junge ging fortan pflichtgemäß in die Hauptschule seines Wohnortes. Auch dort das gleiche Bild: Gewalt! Es kam außerdem zu kleinen kriminellen Handlungen. Stefan glitt allmählich ab. Doch seine Mutter versuchte alle Untaten zu entschuldigen. Immer waren es die anderen, die für die Taten ihres Sohnes verantwortlich waren.

Verantwortung wahrnehmen bedeutet im Wesentlichen, sich einem Problem offen und ehrlich zu stellen.

Sie sollten keinen Augenblick zögern und alle Kraft daran setzen, eine Änderung herbeizuführen, sobald Sie eine Fehlentwicklung als solche erkannt haben. Dabei ist es besser, etwas Falsches als gar nichts zu tun, denn Fehlentwicklungen hören selten von allein auf. Läuft der Hase zu lange in die falsche Richtung, ist er nur um einen hohen Preis zurückzuholen. Frühzeitige Anstrengung lohnt sich. Decken Sie eventuelles Fehlverhalten Ihres Kindes nicht, üben Sie keine blinde Solidarität. Es geht nicht um die Ehre oder Schande der Familie, sondern um die gesunde Entwicklung Ihres Kindes. Wer gewalttätiges oder gar kriminelles Handeln deckt, fördert es.

Lernen Sie gemeinsam

Wenn wir hier von Lernen sprechen, dann setzen wir eine wichtige Erkenntnis voraus: Es gibt verschiedene Arten des Lernens. Neue Informationen nehmen Menschen meist vergleichsweise zügig auf, mehr Zeit und Mühe kostet es, neue Verhaltensformen zu erlernen. Vielleicht finden Sie in diesem Buch ja die eine oder andere Anregung, die Sie gern auf Ihr Leben übertragen möchten. Probieren Sie einfach aus, was für Sie und Ihre Familie „passt". Was sich bewährt, wird beibehalten, was nicht, darauf verzichten Sie wieder.

> **Geben Sie sich ein wenig Zeit. Die Dinge pflegen nicht auf Anhieb zu gelingen, zumal in Krisenzeiten.**

Wenn Sie auftretende Probleme als Chance für neue und bessere Erfahrungen verstehen lernen, dann verändern Sie Ihren Blick und Sie können sich mit Ihrem Kind gemeinsam darauf einlassen, neue Einsichten oder Erkenntnisse zu sammeln. Das ist mit das Wichtigste, worauf es beim Umgang mit den Erscheinungen der Gewalt im Umfeld der Schule ankommt: gemeinsam mit dem Kind an neuen Lösungen zu arbeiten. Mit Ihrer Fantasie und Ihrer Erfahrung, aber auch mit Geduld. Sie werden sehen, welch besondere Gelegenheiten und neue Möglichkeiten sich da plötzlich eröffnen. Indem Sie neue Handlungsmöglichkeiten für sich entdecken, fördern Sie Ihre Zuversicht, mit den neu auftretenden Problemen besser klarzukommen.

> **Sprechen Sie mit Ihrem Kind über seine Gefühle. Machen Sie deutlich, dass Ärger, gar Wut etwas völlig Normales ist und dass es Wege gibt, damit zurechtzukommen.**

Gewalt in der Schule – Hintergründe

Was den Schulalltag an jedem Ort, in jeder Schule, ja in jedem Klassenzimmer fast unausrottbar begleitet, sind die vielen Formen der kleinen Gewalt. Feindselige Äußerungen oder Handlungen verdienen wesentlich mehr Aufmerksamkeit von Seiten der Eltern und Lehrer. Lehrer und Schulleitung, aber auch Eltern von Mitschülerinnen und Mitschülern Ihres Kindes, alle tragen wie Sie selbst Verantwortung für das Gelingen des Zusammenlebens.

Aggressivität ist menschlich

Angriffslust ist wichtig, sie hilft dem Menschen, sich im Leben zu behaupten. Aggressivität gehört zu seinen natürlichen Fähigkeiten. Sie steht im Dienste beispielsweise einer guten Leistung, einer erfolgreichen Lebensgestaltung oder der Sicherung des Lebensunterhaltes. „Etwas in Angriff nehmen" heißt so viel wie „ein Ziel ansteuern". Aggressivität ist eine überlebensnotwendige und deshalb „gesunde" Kraft.

Sieg und Niederlage zu verarbeiten, muss jedes Kind lernen.

Die guten Kräfte gilt es zu üben, dafür gibt es viele Möglichkeiten. Etwa im sportlichen Wettbewerb, der nach fairen Regeln betrieben wird. Oder im Spiel. „Mensch ärgere dich nicht!", das traditionsreiche Spiel trägt die Aufgabe im Namen. Jeder Mensch muss lernen, einmal zu gewinnen, ein anderes Mal zu verlieren. Niederlagen zu verarbeiten, fällt nicht immer leicht.

Spiel- bzw. Verhaltensregeln helfen dabei, auf Grenzen zu achten, die – moralisch betrachtet – den Unterlegenen vor Schaden bewahren sollen.

Um zu beurteilen, was zulässig ist und was nicht, hat sich eine „goldene Regel" bewährt, die der berühmte Philosoph Immanuel Kant im 18. Jahrhundert formulierte, als er eine Begründung der Moral jenseits des Göttlichen in der menschlichen Vernunft suchte: „Was du nicht willst, das man dir tu, das füg auch keinem andern zu!" Bereits der altchinesische Philosoph Konfuzius, die Griechen und Römer in der Antike, und auch die alten Bücher der Bibel kannten ähnliche Formeln. Auch schon Grundschulkinder können mühelos nachvollziehen, was gemeint ist, denn sie wissen meist sehr genau, was sie selbst nicht wollen.

Leider ist es manchmal ein langer Weg zu friedfertigem Verhalten. Schauen wir uns zunächst den Alltag in der Schule an, auf dass wir einige Schritte auf diesem Weg weiterkommen.

Körperliche oder physische Gewalt

Unter Gewalt stellt man sich zunächst meist Angriffe auf die körperliche Gesundheit und Unversehrtheit vor. Aber da gilt es sogleich schon zu unterscheiden. Das sportliche Kräftemessen vor der Frage, wer denn nun der Kräftigste oder auch der körperlich Geschickteste sei, kann zwar in Gewalttätigkeit umschlagen, ist aber zunächst keine Gewalt. Wenn also Ihr Sohn mit einem Klassenkameraden einen fairen Ringkampf durchführt, ist das Sport und keine Gewalt. Wenn aber einer, von dem schon alle wissen, dass er der Stärkste ist, die anderen gewissermaßen überfällt, um sie klein zu machen, ihnen seinen Willen aufzuzwingen und seine Überlegenheit zu demonstrieren, dann ist das Gewalt. Erst recht ist von körperlicher Gewalt zu sprechen, wenn anderen bewusst Schaden zugefügt wird.

> **Die kleine Gewalt begleitet den Alltag vieler Kinder in unseren Schulen. Das muss nicht sein.**

Physische Gewalt ist auch, anderen Prügel anzudrohen, falls sie nicht bestimmte Forderungen erfüllen. Ein neunjähriger Klassenkamerad, der Ihre Tochter um ihr Taschengeld erpresst, handelt kriminell, auch wenn er als noch nicht vierzehnjähriges Kind nicht

Die Gesichter der Gewalt – Formen der Gewalt in der Schule

Körperliche Gewalt

- körperliche Angriffe
- Bedrohung, Erpressung
- Waffenbesitz
- sexuelle Übergriffe
- Vandalismus, Schaden an fremdem Eigentum

Seelische Gewalt

- Beschimpfungen
- soziale Ausgrenzung
- Hänseln, Verspotten, Ärgern, „Niedermachen"
- Herausfordern, Provokation mit und ohne Worte

Gewalt gegen die Schulautorität

- massive Unterrichtsstörung
- Mogeln und Fälschen
- Schwänzen
- Hausaufgaben „vergessen"
- Arbeitsverweigerung, passiver Widerstand

Gewalt durch die Schule (strukturelle Gewalt, Missbrauch der Autorität)

- willkürliche, ungerechte Notengebung
- willkürliche, ungerechte oder maßlose Bestrafung
- entwürdigende Behandlung der Kinder

juristisch belangt werden kann. Auch jedwede Form sexueller Übergriffe ist körperliche Gewalt – mit möglicherweise nachhaltigen psychischen Folgen für die Betroffenen.

In vielen Schulen spielt leider die Zerstörungswut, der so genannte Vandalismus, eine große Rolle.

> **Tipp**
> Ein bewährtes Hilfsmittel zur rechtzeitigen Beendigung eines Kräftemessens ist die Stoppregel. Wem es zu viel wird, der ruft laut „Stopp"! Kann er nicht rufen, klopft er dreimal dem Gegner auf den Körper. Das muss strikt beachtet werden. Sie können dies bei einem Elternsprechtag oder bei einem Elternabend als Klassenregel vorschlagen.

Da gehen neue Stühle zu Bruch, Waschbecken in den Toiletten, Fensterscheiben und Lampen. Wände werden besprüht und bemalt, Möbel zerkratzt oder gar demoliert. Technische Einrichtungen sind mancherorts nach kurzer Zeit unbrauchbar. Auch vor dem Eigentum der Mitschüler macht diese Form der Gewalt nicht Halt. In manchen Schulen ist das „Lüften" von Fahrrädern an der Tagesordnung. Das heißt, die Luft wird abgelassen, oft sind sogar die Ventile weggeworfen.

Seelische oder psychische Gewalt

In manchen Klassen, in ganzen Schulen gar herrscht ein ziemlich rüder Umgangston. Da ist die seelische Gewalt oft schlimmer als die körperliche. Da fliegen die schlimmsten Schimpfwörter umher. Da bestimmen Einzelne, wer dazugehört und wer nicht. Soziale Ausgrenzung ist in solchen Klassen an der Tagesordnung.

Wer aus welchen „Gründen" auch immer nicht dazugehören soll, wird zum Außenseiter erklärt. Ein Wort, das selbst viele Erwachsene, Lehrer womöglich, allzu leicht in den Mund nehmen, als handelte es sich um einen fest stehenden Tatbestand. Dabei können diese Kinder meist nichts dafür, von den anderen an den Rand gedrängt zu werden. Sie dürfen dann an den Spielen der anderen nicht teilhaben, sich nicht hinsetzen, wo sie gerne möchten. Bei Gruppenarbeiten weigern sich andere, mit ihnen zusammenzuar-

> **Zum „Außenseiter" wird niemand geboren. Vielmehr ist es die Umgebung, die jemanden aus ihrer Mitte ausschließt.**

beiten. Doch niemand wird zum Außenseiter geboren. Dazu wird man durch die anderen gemacht. Da darf man dann gehänselt, verspottet, für dumm erklärt und in jedweder denkbaren Weise niedergemacht werden. Mit kränkenden Spitznamen, mit Worten und Gesten werden solche Kinder immer wieder herausgefordert und in ihrer Menschwürde verletzt.

Gewalt gegen die Schulautorität

Eine besondere, aber sehr verbreitete Form der Gewalt durch Schüler richtet sich gegen die Schulautorität. Es sind gezielte Regelverletzungen und Provokationen, die viele Lehrer erheblich belasten. Wenn in manchen Schulklassen wegen der ständigen Unterrichtsstörungen durch manche Schüler kaum ein normales Arbeiten möglich ist, kann das Eltern nicht gleichgültig sein. Sie schicken schließlich ihr Kind in die Schule, damit es dort etwas lernt, und nicht, damit der Unterricht zum Spaß unmöglich gemacht wird. Auch Mogeln und Fälschen bei Klassenarbeiten, Verweigern oder ständiges „Vergessen" der Hausaufgaben ist ein Erscheinungsbild von Gewalt. Manchmal kommt es gar zu regelrechten Arbeitsverweigerungen. Natürlich haben Eltern einen erheblichen Einfluss auf das Verhalten ihrer Kinder, doch die Disziplin in der Schule kann nur durch die schulische Autorität und nicht von zu Hause aus gesichert werden.

Wir wollen den Alltag in deutschen Schulen nicht dramatisieren. Im Gegenteil! In den meisten Klassenzimmern findet ein gut geordnetes und fleißiges Lernen und Arbeiten statt. Wo jedoch die hier beschriebenen Formen der Gewalt gegen die Schulautorität auftreten, müssen sie von der Schule wie von den Eltern als ernstes Warnzeichen begriffen werden, als ein Zeichen für das Entgleiten der für einen geordneten Schulbetrieb unerlässlichen Arbeitsdisziplin, ohne die es keinen schulischen Erfolg gibt. Da gilt es zusammenzustehen.

Wenn Lehrer oder gar Schulen ihre Macht missbrauchen, üben sie in unzulässiger Weise Gewalt aus.

Gewalt durch die Schule

Der Institution Schule stehen gewisse Machtmittel zur Verfügung, ohne die sie ihre Aufgaben nicht erfüllen könnte. Im Rahmen der gesetzlich festgeschriebenen Schulpflicht muss Schule eine gewisse Ordnung schaffen und aufrechterhalten. Verstoßen Eltern beispielsweise gegen ihre Pflicht, ihre Kinder zur Einhaltung der Schulpflicht anzuhalten, kann ihnen in manchen Ländern ein Bußgeld auferlegt werden. Trotzdem schwänzen manche Schüler regelmäßig die Schule. Die Schule kann auch Erziehungs- und Ordnungsmaßnahmen gegen die Kinder selbst einsetzen, und zwar bis hin zum Ausschluss aus der Schule, um damit die Einhaltung der Pflichten zu erzwingen.

> In Fragen der Schulordnung haben die schulischen Gremien Elternbeirat und Schulkonferenz eine wichtige, mitgestaltende Aufgabe.

Wo aber Macht ist, kann diese auch missbraucht werden. Wenn diese Mittel etwa nicht gerecht eingesetzt werden, sondern mit einer gewissen Willkür, ohne die Beachtung der nötigen Sorgfalt oder des rechten Maßes, wird das durch die Betroffenen, Kinder wie Eltern, als Gewalt erfahren, die sie nicht widerspruchslos hinnehmen müssen. Nicht selten ist die Notengebung schwer durchschaubar, mitunter gibt es Verwechslungen. Wenn eine Lehrerin sehr viele Schüler zu unterrichten hat, braucht sie vielleicht am Schuljahrbeginn längere Zeit, bis sie ihre neuen Schüler alle kennt. Manche Länder, etwa Schweden und Finnland, haben die Notengebung bis zur achten Klasse abgeschafft und doch wesentlich bessere Ergebnisse als die deutschen Schulen erzielt. Es liegt nahe anzunehmen, dass auch der Verzicht auf das Disziplinierungsmittel Zensur dazu beiträgt.

Benimm dich gefälligst

Michael schreit mitten in der Geschichtsstunde laut auf. Der Lehrer bestraft ihn mit „Nachsitzen" wegen Störung des Unterrichts.

> Von Mobbing, der kleinen Gewalt im Schulalltag, sprechen wir, wenn ein Kind immer wieder und über eine längere Zeit Ziel von Gemeinheiten anderer wird. Das geschieht häufiger durch Worte und Gesten, durch Druck und Drohung als durch körperliche Gewalt.

Die Beschämung eines Kindes durch einen Lehrer zerstört dessen Vertrauen in die eigenen Fähigkeiten, gefährdet gar den Schulerfolg. Sie verletzt die Menschenwürde.

Dem Schulleiter, bei dem er sich beschwert, erklärt er, er habe es einfach nicht mehr ausgehalten, weil ihn die hinter ihm Sitzenden heimlich so lange geärgert haben, bis er schließlich ausgerastet sei. Doch das habe den Lehrer nicht interessiert. Ungerechte und maßlose Bestrafung ist leider in manchen Schulen nicht eben selten. Manchmal greifen Lehrerinnen und Lehrer zu fragwürdigen sprachlichen Mitteln: „Löschen Sie das Schlachtfeld weg, auf dem Sie gerade gestorben sind", sagte der Mathematiklehrer zu einer achtzehnjährigen Schülerin, die er gerade vor der ganzen Klasse bis aufs Blut blamiert hatte. Und ein Deutschlehrer führte an Tagen, an denen er besonders gut drauf war, den folgenden Spruch im Mund: „Mach täglich einen nur zur Sau, dann ist dein Alltag nicht mehr grau!" Zynismus und Beschämung haben in der Pädagogik nichts zu suchen und scheinen doch nur schwer ausrottbar. Auch dort, wo ein Kind vor der Klasse für dumm erklärt, lächerlich gemacht oder in anderer Weise entwürdigend behandelt wird, müssen Eltern handeln. In solchen Fällen wird die Menschenwürde von Kindern verletzt.

Mobbing: eine besondere Form der Gewalt

> **Tipp**
>
> Schauen Sie ganz genau hin, wenn Ihr Kind sich auffällig verhält. Sprechen Sie die Lehrer an. Was hat sich verändert? Ist etwas aufgefallen? Sprechen Sie mit Ihrem Kind, ohne Offenbarungsdruck aufzubauen. Bieten Sie immer wieder ruhig ein Gespräch an. Machen Sie deutlich, welches Verhalten Ihres Kindes Sie nicht dulden möchten, und versuchen Sie gemeinsam, andere Lösungen zu erarbeiten. Wenn ein Kind nicht zuschlagen soll, um sich zu wehren, welche Möglichkeiten der Gegenwehr hat es alternativ?

Wo es sich bei der alltäglichen Gewalt um mehr oder weniger systematische Quälereien gegen einzelne Kinder handelt, sprechen wir von Mobbing. Das ist eine gefährliche Form der Alltagsgewalt, welche betroffene Kinder schwer schädigen kann.
Angegriffene oder ausgegrenzte Kinder geraten

zunehmend in eine Situation ständiger Unterlegenheit, aus der sie sich selbst nicht befreien können. Spitzt sich das Geschehen irgendwann zu, will die Umgebung das Opfer sogar loswerden.

Darauf sollten Sie achten

Mobbing ist wohl so alt wie die Menschheit. Neu ist der Name dafür. Der schwedische Kinderarzt Peter Paul Heinemann hat im Jahr 1968, damals aufgeschreckt durch Kinderselbstmorde, am Rande von Stockholmer Schulhöfen das Verhalten von Kindern in der Pause beobachtet. Er nannte die Quälereien gegen einzelne Kinder, die er da beobachtet hat, Mobbing. Heinemanns Zeitungsberichte über seine Wahrnehmungen haben in Schweden seinerzeit nicht nur eine heftige öffentliche Debatte ausgelöst. Sie haben auch dazu geführt, dass die Regierung eine Kommission beauftragte, die Vorgänge zu untersuchen und Vorschläge zur Abhilfe zu erarbeiten. Heinemann hatte erkannt, welch schwere Schäden an Leib und Seele eines Kindes entstehen können, wenn dieses von seinen Ka-

◀ Verzicht auf Beschämung fördert Erfolgszuversicht und Lernfreude der Kinder.

So kann Mobbing aussehen

Es gibt typische Mobbing-Quälereien.

- Gemobbte haben buchstäblich nichts zu sagen.
- Gemobbte werden ausgegrenzt, andere dürfen nicht mit ihnen spielen. Es gibt manchmal sogar Kontaktverbote durch die Mobbenden.
- Das soziale Ansehen wird durch üble Nachrede und öffentliche Kränkung herabgesetzt.
- Die Arbeit wird gestört oder behindert.
- Gewaltandrohung und Gewaltausübung. Körperliche Angriffe und Übergriffe auf das Eigentum (Fahrrad, Schulausstattung).

Forschen Sie nach: Kommt so etwas in der Klasse Ihres Kindes oder gar gegenüber Ihrem Kind vor?

meraden über längere Zeit hinweg mehr oder weniger systematisch gequält wird.

Seither gab es einige ernst zu nehmende wissenschaftliche Studien, aber auch schulpraktische Beschäftigung mit diesem Thema. Anfang der 1980er Jahre wurde die Arbeit gegen die kleine Gewalt in der Schule auch in Großbritannien und anderen angelsächsischen Ländern zum Thema. Was wir als Mobbing bezeichnen, heißt dort Bullying, von englisch „bully", das heißt „grober Kerl" oder „Kameradenschinder". Einige deutsche Experten verwenden ebenfalls diesen Begriff für das Mobbing unter Schülern. Deutschland ist in Sachen Mobbing leider im internationalen Vergleich ein echtes Entwicklungsland. Das sollte sich ändern.

> **Deutschland ist bei der Arbeit gegen Schülermobbing Entwicklungsland, nicht so Finnland, Kanada und Neuseeland, die bei PISA Spitzenwerte erreichten.**

Bemerkenswert ist, dass in einigen Ländern, die sich in der PISA-Studie durch gute Schülerleistungen hervorgehoben haben, bereits seit über zwei Jahrzehnten aktiv mit Programmen gegen Mobbing gearbeitet wird. Dort hat man erkannt, dass ein gutes soziales Klima in der Klasse die Lernbereitschaft der Schülerinnen und Schüler erhöht. In Deutschland haben sich einzelne Schulen als wegweisend auf diesem Gebiet präsentiert, darunter die Helene-Lange-Gesamtschule in Wiesbaden und die Laborschule Bielefeld, denen das in einer besonderen Studie im Zusammenhang mit PISA vom Berliner Max-Planck-Institut für Bildungsforschung bestätigt worden ist.

Gewöhnlicher Konflikt oder Mobbing?

Das Wort „Mobbing" hat sich schnell durchgesetzt. Schon die Jüngsten in der Grundschule führen es im Mund. Aber nicht bei jedem Streit handelt es sich um Mobbing. Während ein gewöhn-

> **Es gibt beim Mobbing in der Schulklasse keine Unbeteiligten. Alle Anwesenden sind entweder Täter, Mittäter, Opfer oder Zuschauer.**

> **Tipp**
>
> In der Reihe Cornelsen Eltern-Sprechstunde ist ein Ratgeber erschienen, der hilft, schwierige Gespräche mit Lehrern zu führen:
> Dieter Enkhardt, Zoff mit der Schule.
> Konfliktgespräche mit Lehrern führen.

licher Konflikt entsteht und vergeht, wiederholt sich die Feindseligkeit gegen ein einzelnes Kind beim Mobbing. Es entsteht eine Art Dauerkonflikt. Dabei gehen die Angriffe zunächst von einem einzelnen Kind aus. Oft bildet sich aber um einen Anführer herum eine kleine Gruppe von Mitläufern, die mit ihren Quälereien das angegriffene Kind immer stärker in die Unterlegenheit zwingen. Es ist dem Machtmissbrauch und der Unterdrückung durch die anderen ziemlich machtlos und bald auch hilflos ausgeliefert. Seine anfängliche Gegenwehr wird brutal unterdrückt. Meist mit verschiedenen Gemeinheiten, seltener mit Prügeln. Das angegriffene Kind wird immer stärker zum Opfer. Es wird von der normalen Zusammenarbeit ausgeschlossen und allmählich ganz an den Rand gedrängt. Nicht immer bemerken die Lehrer und Lehrerinnen einen solchen Prozess, weil die mobbenden Kinder oder Jugendlichen dabei nicht offen vorgehen, sondern untergründig agieren.

Die Ausnutzung von Überlegenheit sollte durchaus als Machtmissbrauch gegenüber Schwächeren verstanden werden. Sie kann bei den Unterlegenen zu einem „Stau" an Gefühlen führen, die sich unter bestimmten Umständen auf höchst ungünstige Weise eine Bahn brechen und zum Teil zu schwerwiegenden Gewalttaten führen können. Nicht selten schlagen Kinder um sich, weil sie sich anders nicht mehr zu helfen wissen.

Was beim Mobbing alles geschieht

Einige Mobbingopfer versuchen sich der Sympathie der Quälgeister zu versichern, indem sie erklären, das sei ja alles nur Spaß und mache ihnen gar nichts aus. Sie wollen lieber der Prügelknabe des starken Bully sein und irgendwo dazugehören als total ausgeschlossen allein in der Ecke zu stehen. Doch auch das kommt oft genug vor: Da lehnen andere bei Gruppen- oder Partnerarbeiten jede

Die zehn häufigsten feindseligen Handlungen

Die hier aufgeführten Verhaltensweisen sind nicht nur unter Schülerinnen und Schülern üblich, sondern durchaus auch auf Lehrerseite anzutreffen.

1. Hinter dem Rücken über jemanden sprechen
2. Gerüchte und Lügen verbreiten
3. Schimpfworte und Spitznamen geben
4. Jemanden lächerlich machen
5. Jemanden einfach übersehen
6. Abwertende Blicke oder Gesten verteilen
7. Jemanden nachahmen
8. Jemanden für dumm erklären
9. Jemanden nicht zu Wort kommen lassen
10. Anschreien

In der Klasse oder Schule Ihres Kindes können aber auch ganz andere Gemeinheiten vorkommen: Schäden an Fahrrädern, Gewaltandrohung, Diskriminierung wegen der Herkunft, der Kleidung oder der Religionszugehörigkeit, aber auch Telefonterror oder eine andere der verschiedenen bekannten Mobbinghandlungen gegen Schüler.
Sprechen Sie dies auf einem Elterabend an und fragen Sie, wie die anderen Eltern dazu stehen. Suchen Sie Verbündete, um den Zustand abzustellen.

Ein Unterschied: Während ein liebevoller Spitzname eher eine besondere Anerkennung bedeutet, zielt der bösartige auf Abwertung der Person.

Zusammenarbeit ab. Möchte dieses Kind einige Klassenkameraden zum Kindergeburtstag einladen, kommt keiner. Dahinter steckt oft genug der Anführer. Das kann übrigens auch eine Anführerin sein, denn es gibt in Sachen Mobbing keine großen Unterschiede zwischen Jungen und Mädchen. Manchmal geht die Unterdrückung so weit, dass Mitschülern jeglicher Kontakt mit dem ausgeguckten Opfer verboten wird.

Abgestempelt

Maria war immer gern zur Schule gegangen, sie war ausgesprochen lernfreudig, interessierte sich für viele Dinge. Plötzlich schien sie wie verwandelt. Sie ging nur noch mit der Sprache widerstrebend zur Schule und kam ziemlich bedrückt nach Hause. „Lass mich in Ruhe!", herrschte sie ihre Mutter an, die sich das nicht erklären konnte. Schließlich rückte sie doch heraus. Sie sei eine „Streberin", sagten die anderen über sie. Wenn sie morgens in die Klasse komme, höre sie abfällige Bemerkungen der Art: „Ach da kommt ja unsere Streberin!" Das sei allmählich einfach zu viel für sie, es bedrücke sie sehr.

Viele Kinder leiden in der Schule darunter, dass ihnen unsichtbare Aufkleber, Labels verpasst werden: Streber, Schläger, Petzer usw.

Maria hat ein „Label" erhalten, einen unsichtbaren Aufkleber sozusagen. Labels können eine mächtige Wirkung entfalten. Wer gerne lernt, wird in einer mobbenden Umgebung schnell zum „Streber". Welch ein Widersinn! Die natürliche Lernfreude wird schlecht gemacht, um denen das Leben zu erleichtern, die sich den Mühen des Lernens lieber verweigern. Mitunter gibt es Klassen, in denen sich eine total feindliche Haltung gegen jedes Lernen entwickeln konnte. Da hilft dann nur noch ein massiver Eingriff, mit dem allen Schülern einer Klasse die Änderung dieser Haltung abverlangt wird – in enger Zusammenarbeit mit den Eltern. Kinder sollen doch in der Schule das Lernen lernen und nicht trainieren, wie man Lernen am besten verweigert und vermeidet.

An der Verteilung und Befestigung solcher unsichtbarer Labels sind oft Lehrer und Mitschüler beteiligt. Besonders schlimm ist es, als „dumm" abgestempelt zu werden. Es ist eine regelrechte Krankheit der deutschen Schule, jeden sofort für unfähig zu erklären, der etwas nicht gleich versteht oder sich mit Schreiben, Lesen oder Rechnen etwas schwerer tut als andere. „Bist du für dumm erklärt, brauchst du dir keine Mühe mehr zu geben", denkt so manches Kind. Anstrengung wäre ja zwecklos. Was für ein Fehler! Jede Bemühung trägt doch Früchte, sie müssen nur anerkannt werden. Beliebt ist auch das Etikett „Petzer" für Kinder, die sich über die Quälereien beschweren.

> **Wer jemanden für dumm erklärt, raubt ihm den Mut zum Lernen. Dabei verdanken wir doch den größten Teil unseres Wissens und Könnens nicht der „Begabung", sondern dem Lernen!**

Labels, Etiketten, Schubladen – sie alle sind Herrschaftsinstrumente. Manchmal sind Schüler geneigt, solche Einstufungen als „ihre Sache" anzusehen, in die sich Lehrer nicht einzumischen haben. Und nicht wenige Lehrer akzeptieren das sogar willig. Doch sie verletzen damit ihre Pflicht; denn das gequälte Kind fällt auf diese Weise aus dem schützenden Rahmen, den der Lehrer zu sichern hat. Schlimmer Psychoterror kann sich so unter den Augen der Lehrer entwickeln. Das ist nicht hinnehmbar. Berichtet Ihr Kind Ihnen anhaltend über Beschimpfungen, sollten Sie es ermutigen, auf den Lehrer zuzugehen. Geht dieser nicht auf die Bitte um Unterstützung ein, sollten Sie sich einschalten und um einen Gesprächstermin bitten. Lehrer sind gehalten, einer solchen Bitte nachzukommen.

Tatort Klasse

Mobbing geschieht nicht durch irgendwelche Fremden. Es ist in der weit überwiegenden Zahl der Fälle eine Gewalterscheinung im nahen sozialen Umfeld. Drei Viertel all dieser feindseligen Handlungen gehen von Klassenkameraden und Lehrern der Klasse aus.

> **Mobbing geschieht meist in der unmittelbaren täglichen Umgebung. In der Schule ist das die eigene Klasse.**

Dazu kommen Konflikte im Sport-, Religions- und Wahlfachunterricht, in dem Kinder mit Schülern aus anderen Klassen zusammentreffen. Auch der tägliche Weg zur Schule bietet Gelegenheit für systematische Quälereien. Nur sehr wenige Fälle haben nichts mit dem Schulbesuch zu tun.

Erlebt Ihr Kind Mobbing durch andere Schüler?

	Oft	Manchmal	Einmal	Nie
1. Lassen dich andere nicht zu Wort kommen?	☐	☐	☐	☐
2. Wirst du unterbrochen, wenn du etwas sagen willst?	☐	☐	☐	☐
3. Wirst du von anderen angeschrien?	☐	☐	☐	☐
4. Wirst du wegen deiner Freizeitgestaltung oder deinen Hobbys kritisiert?	☐	☐	☐	☐
5. Wirst du am Telefon belästigt?	☐	☐	☐	☐
6. Zeigen andere abwertende Blicke oder Bewegungen gegen dich?	☐	☐	☐	☐
7. Machen andere dir gegenüber Andeutungen, ohne etwas direkt auszusprechen?	☐	☐	☐	☐
8. Lehnen andere es ab, mit dir zusammenzuarbeiten?	☐	☐	☐	☐
9. Will jemand nicht mit dir sprechen?	☐	☐	☐	☐
10. Verbietet jemand anderen, mit dir zu reden?	☐	☐	☐	☐
11. Lassen dich andere nicht mitspielen?	☐	☐	☐	☐
12. Wirst du von anderen wie „Luft" behandelt?	☐	☐	☐	☐
13. Bekommst du Drohungen?	☐	☐	☐	☐
14. Wirst du von den anderen bei der Arbeit kritisiert?	☐	☐	☐	☐
15. Verlangen andere, dass du sie bedienst?	☐	☐	☐	☐
16. Musst du anderen deine Hausaufgaben geben?	☐	☐	☐	☐
17. Musst du jemandem die Hausaufgaben machen?	☐	☐	☐	☐
18. Musst du anderen deine Sachen hergeben?	☐	☐	☐	☐
19. Sprechen andere hinten herum schlecht über dich?	☐	☐	☐	☐

20. Macht dich jemand vor den anderen lächerlich? ☐ ☐ ☐ ☐
21. Erklärt dich jemand für dumm? ☐ ☐ ☐ ☐
22. Erzählen andere Lügen über dich? ☐ ☐ ☐ ☐
23. Macht jemand deine Familie
    oder Herkunft lächerlich? ☐ ☐ ☐ ☐
24. Macht sich jemand über deine Religion lustig? ☐ ☐ ☐ ☐
25. Macht sich jemand über dein Aussehen
    oder deine Kleidung lustig? ☐ ☐ ☐ ☐
26. Ruft dir jemand Schimpfworte nach? ☐ ☐ ☐ ☐
27. Rufen sie dich mit einem kränkenden Spitznamen? ☐ ☐ ☐ ☐
28. Droht dir jemand mit Schlägen? ☐ ☐ ☐ ☐
29. Droht dir jemand mit einem Messer
    oder einer anderen Waffe? Womit? ☐ ☐ ☐ ☐
30. Wirst du geschlagen? ☐ ☐ ☐ ☐
31. Nimmt dir jemand Sachen weg? ☐ ☐ ☐ ☐
32. Richtet jemand bewusst Schaden an deinen
    Sachen an (z. B. Kleidung oder Fahrrad)? ☐ ☐ ☐ ☐
33. Wirst du sexuell belästigt? ☐ ☐ ☐ ☐
    Durch wen und wie?
34. Gibt es noch etwas anderes,
    was andere machen? Was? ☐ ☐ ☐ ☐

Falls Ihr Kind ein- oder mehrmals „oft" angemerkt hat, versuchen Sie zu klären, ob das etwa einmal pro Woche oder gar öfter bedeutet. Versuchen Sie auch zu klären, ob das schon länger geht, seit diesem Schuljahr oder noch länger oder erst seit kurzer Zeit.

Spießrutenlauf

Jochens Mobbingkarriere ging nach der Grundschule weiter. Er habe sich immer gleich sehr aufgeregt und sich sofort gewehrt, wie er heute sagt. Im Gymnasium ging anfangs alles gut. Aber er galt als Schläger. Dabei hat er sich nur gewehrt. In der siebten Klasse hieß er statt „Rowisch" plötzlich „Klofisch". So begrüßen ihn die ehemaligen Kameraden noch heute, wenn er wieder einmal zu Hause ist. Er wurde öfter wegen seiner vermeintlichen Streitlust gerügt und bestraft, wenn er sich auch nur wehrte, während den eigentlichen Angreifern nichts passierte. Seine Leistungen sackten ab und sein Verhalten war ständig in der Kritik. Er musste zur Realschule wechseln, wo sich die Gemeinheiten der Mitschüler noch steigerten. Hier galt er als einer, der sich für etwas Besseres hielt, da er im Gymnasium war.
Fast täglich fand er zeitweise sein Fahrrad „gelüftet", also die Luft abgelassen und die Ventile fortgeworfen. Manchmal waren gar die Räder verbogen. Von den Lehrern bekam er auch hier keine Hilfe. Er erlebte ein wahres Martyrium. Trotzdem schaffte er am Ende mit knapper Not den Realschulabschluss.
Was ihn übrigens durch seine ganze Schulzeit hindurch schwer kränkte, war die Tatsache, dass er niemals in einer Sportmannschaft der Klasse aufgestellt wurde. „Dabei bin ich gar nicht so schlecht im Sport. Sie mochten mich nicht und die Lehrer machten das mit", blickt er zurück.
Erst nach der Berufsausbildung konnte er 24-jährig über ein Oberstufenkolleg das Abitur ablegen. Zum Glück, so sagt er, sei er nicht durch diese Erlebnisse traumatisiert worden.

Wenn Erwachsene nichts dagegen unternehmen, wird Mobbing schleichend schlimmer.

Ist Mobbing erst einmal in Gang gekommen, dann entwickelt sich ein regelrechter Kreislauf. Wehrt sich ein ausgeguucktes Opfer – und das geschieht oft mit ganz ähnlichen Mitteln – dann bietet es damit selbst den Grund zu neuem Angriff. Außenstehende wie Lehrer oder Eltern hören so Argumente beider Seiten, was die je andere Seite gemacht hat, suchen vergeblich nach dem oder der

„Schuldigen". Das ist nicht zu entwirren. Manche Lehrer wollen deshalb von alldem nichts wissen, benutzen gar Ausflüchte wie: „Das müssen die lieben Kleinen unter sich regeln! Da mische ich mich nicht ein!" Damit fördern sie den Prozess durch ihre Untätigkeit. Diese Untätigkeit wird durch die Mobber wiederum oft als stillschweigende Billigung missverstanden.

Leider werden Lehrer selbst oft zu Mitwirkenden oder spielen gar die Hauptrolle beim Mobbing gegen einzelne Kinder. Da wird man von einer Lehrerin bewusst links liegen gelassen, darf nichts sagen, wird angeschrien. Schlimmer: Lehrer erklären einen vor der Klasse für dumm, machen einen vor den anderen lächerlich, kritisieren an allem herum. Viele beklagen auch, dass sie in der Notengebung gegenüber anderen benachteiligt werden. Trotz Verbot der körperlichen Züchtigung erlebt ein Prozent aller Befragten sogar Schläge und andere Formen körperlicher Gewalt durch Lehrer.

Dem Mobbing begegnen

Einigen Untersuchungen zufolge ist jedes zehnte, andere sagen sogar jedes sechste Schulkind mindestens einmal in der Woche oder gar täglich Feindseligkeiten ausgesetzt. Die Häufigkeit schwankt aber sehr stark von Schule zu Schule, von Klasse zu Klasse. In einigen Klassen ist ein Drittel aller Schüler betroffen. Nur etwa jede zehnte Klasse hat keinen ausgeprägten Mobbingfall. Aber jede vierte Klasse schafft sich ihren speziellen „Sündenbock".

Wie häufig Mobbing in der Klasse Ihres Kindes vorkommt, kann mit einiger Bestimmtheit nur eine Lehrerin sagen, welche alle Kinder dazu befragt hat. Für eine solche Befragung, die anonym erfol-

Mobbing wird gelernt. Greift niemand ein und sorgt für einen Ausweg, dann kann das für beide Seiten lebenslänglich bedeuten. Jugendliche Bullys schikanieren meist auch als Erwachsene ihre Mitmenschen.

gen muss, sind geeignete Fragebögen entwickelt worden. Genaue Angaben finden sich im Serviceteil des Buches. Im Allgemeinen und ohne gezielte Befragung werden die Lehrer nur auf besonders ausgeprägte Fälle aufmerksam. Die Dunkelziffer ist deshalb hoch. Befragungen belegen die besondere Häufigkeit in pubertierenden und in sozial besonders schwierigen Klassen. Doch Mobbing gibt es bereits in ersten Grundschulklassen und bis in die gymnasiale Oberstufe. Es kommt in allen Schularten, in ländlichen wie in städtischen Schulen vor. Der Unterschied zwischen Jungen und Mädchen ist vergleichsweise gering. Jungen mobben allerdings meist anders als Mädchen. Da sie öfter zuschlagen, fallen sie eher auf. Abgefeimte Gemeinheiten sind dafür unter Mädchen häufiger und werden den Lehrern seltener bewusst.

Hat Mobbing Ursachen?

Bisher hat niemand klare Ursachen für das Entstehen von Mobbing herausgefunden. Klar ist nur eines: Ein Kind ist nicht selbst schuld, wenn es gemobbt wird. Jedes Kind kann unter bestimmten Rahmenbedingungen zum Mobbingopfer werden, so wie es jeden Erwachsenen treffen kann, wenn die Umstände danach sind. Mobbing hört erst dann auf, wenn die Kinder oder Erwachsenen, von denen es ausgeht, ihre feindseligen Handlungen unterlassen.

Wichtiger als die Suche nach den Gründen von Mobbing ist es, dafür zu sorgen, dass es aufhört.

Es sind auch nicht bestimmte Eigenschaften, die jemanden dafür bestimmen, zum Mobbingopfer zu werden. Da werden Kinder angegriffen, die Freude am Lernen haben und ungewöhnlich neugierig sind. Das geschieht in Klassen, in denen es insgeheim oder offen Widerstand gegen die schulischen Anforderungen gibt. Da wird man fertig gemacht, wenn man sich im Unterricht meldet, seine Hausaufgaben regelmäßig erledigt und gute Klassenarbeiten schreibt. Wer zu gut ist, verdirbt gewissermaßen den Akkord der Faulen. Das ist Schule verkehrt. Auf solche Weise werden hochbegabte Kinder zur Zielscheibe ihrer Klassenkameraden. Versteckter Neid scheint ein wesentlicher Motor für psychischen Terror zu sein. Auch eine besonders helle oder dunkle Haut, eine besondere Haarfarbe oder andere körperliche Merkmale sind keineswegs Ursache für Mobbing. Sie müssen aber oft als Begründung herhalten, um die wirklichen Motive der Mobber zu verdecken.

Mobbing gibt es in kleinen wie in großen Klassen, auch wenn man behaupten kann, dass es in großen Klassen schwieriger ist, ein gutes soziales Klima zu pflegen als in kleinen. Denn eines scheint erwiesen: In Klassen mit einem guten sozialen Klima, mit guter Zusammenarbeit und gegenseitiger Unterstützung wird nicht nur mehr geleistet, sondern auch seltener gemobbt.

> **Um zum Mobbingopfer auserwählt zu werden, genügt in manchen siebten oder achten Klassen schon die erkennbare Freude am Lernen.**

Demnach lassen sich äußere Bedingungen feststellen, unter denen Mobbing gedeiht, und solche, unter denen es zurückgeht oder gar verschwindet. Ansonsten sei wiederholt, dass Mobbing wohl so alt wie die Menschheit und daher eher ein Teil der Natur des Menschen und dessen ist, was ihn antreibt: schlechte Gefühle wie Angst, Neid, Eifersucht, Enttäuschung, mangelnder Erfolg, aber auch Gier, Feindseligkeit, Selbstgerechtigkeit und einiges mehr. Wo dagegen die guten Gefühle herrschen, gibt es kein Mobbing und keine andere Art der Gewalt. Darum ist das wichtigste Ziel ein gutes Sozialklima in der Klasse.

Mobbing hat Folgen

Mobbing, also die ständige Quälerei einzelner Kinder, hat Folgen. Es kann das Leben eines Kindes und seine Entwicklung prägen. Doch die Folgen können je nach Temperament, Charakter, Widerstandskraft und Selbstwertgefühl der Angegriffenen sehr unterschiedlich sein.

> **Die Folgen des Mobbings werden im Schulalltag oft falsch gedeutet. Aber selbst Kinder in der Schule können durch Mobbing traumatisiert werden. Auch völliges Leistungsversagen kann die Folge sein.**

Gesundheitliche Folgen

Die gesundheitlichen Folgen anhaltenden Mobbings im Erwachsenenleben sind eingehend untersucht und beschrieben. Jeder Arzt kennt sie aus seiner Praxis. Sie umfassen den ganzen Formenkreis der psychosomatischen Erkrankungen: Magen-, Darm-, Schlafstörungen, Kreislaufbeschwerden, Bluthochdruck und mehr. Das geht bis zum Verlust der Arbeitsfähigkeit. Mobbing kann in schweren Fällen gar zur Ausbildung eines seelischen Traumas führen, wie es sonst bei Opfern von Verbrechen oder Katastrophen beobachtet wird.

Da aber das Mobbing gegen Kinder und Jugendliche in der Schule noch immer vielfach verkannt, manchmal sogar geleugnet wird, werden dessen gesundheitliche Folgen oft nicht mit dem alltäglichen Psychoterror in Verbindung gebracht, der in so vielen Schulklassen an der Tagesordnung ist. Schlimmer noch: Ein Kind sucht noch eher als ein Erwachsener die Schuld bei sich und schämt sich noch mehr dafür, von den anderen nur gedemütigt und niedergemacht zu werden. Schlimm wird es vor allem, wenn auch noch Lehrer beteiligt sind. Und das ist bedauerlicherweise in jedem fünften Fall von Schülermobbing so. In welchem Umfang Kinder durch das Mobbing traumatisiert werden, kann derzeit niemand sagen. Dass dies so ist, wird niemand bezweifeln, der sich eingehend mit der Beratung von Kindern und Eltern beschäftigt.

Folgen für die Schulleistung

Mobbing wirkt sich, das habe ich in jahrelanger Berufspraxis erfahren, auf die Lernmotivation und damit auf die Schulleistungen des einzelnen Kindes wie ganzer Klassen aus. Darüber gibt es allerdings bisher keine wissenschaftlich abgesicherten Erkenntnisse. Es ist durchaus denkbar, dass bei einem Kind, das in Wahrheit unter Mobbing leidet, eine Aufmerksamkeitsstörung (ADS) diagnostiziert wird. Es gilt also, immer sehr genau hinzuschauen, wenn ein Kind Auffälligkeiten zeigt. Mancher vermeintliche Schulschwänzer meidet in Wirklichkeit den täglichen Psychoterror. Doch die Schule glaubt da oft eher an faule Ausreden.

> Schulpraktiker berichten übereinstimmend von den guten Folgen für Lernfreude und Lernergebnisse, die die gezielte Arbeit gegen die Alltagsgewalt hat.

Statistik kann helfen, die Situation einzuschätzen

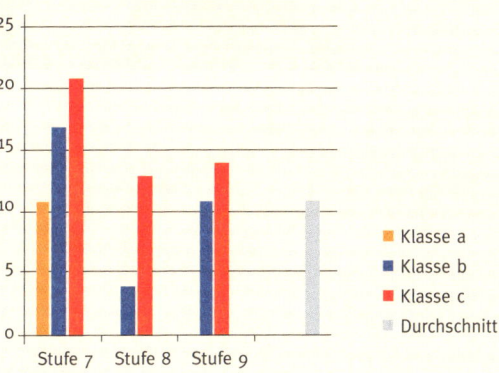

Die Grafik beschreibt Mobbingfälle in Prozent in den neun Klassen der Klassenstufen 7 bis 9 eines dreizügigen städtischen Gymnasiums. Der Durchschnitt liegt bei 10,86 Prozent. Die Grafik zeigt die üblicherweise große Schwankungsbreite von Mobbingfällen zwischen den Klassen einer Schule, die sich hier zwischen 0 und 21 bewegt.

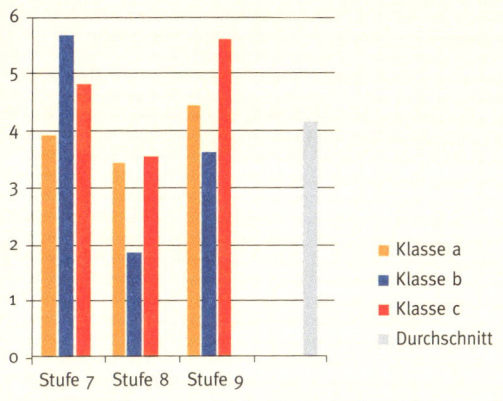

Die kleine Alltagsgewalt ist in denselben Klassen überdurchschnittlich hoch. Sie richtet sich nur nicht ausschließlich gegen einzelne Schüler. Die Feindseligkeiten liegen über dem Durchschnitt.

Das können Sie in der Familie tun

Wenn Sie das Empfinden haben, dass etwas nicht in Ordnung ist, sollten Sie zunächst versuchen, die Situation sorgfältig zu klären.

Die Sachlage klären

Ganz gleich in welchem Alter Ihr Kind ist, fragen Sie nach: Stellen Sie sich dem Problem möglichst offen und klären Sie die Lage, ehe Sie etwas dagegen unternehmen.

- Ist Ihr Kind eher das Ziel von Angriffen oder hat es selbst andere angegriffen? Ist es mal Angegriffener und mal Angreifer?
- Ist es ein Einzelereignis oder häufen sich die Vorkommnisse?
- Wenn ja, wie oft passiert das in letzter Zeit und seit wann?
- Sind es immer wieder die gleichen „Streithähne" oder wechseln diese immer wieder?
- Fand der Streit, um den es gerade geht, im Klassenzimmer, auf dem Pausenhof, auf dem Schulweg oder wo sonst statt?

Es ist ein wichtiger erster Schritt, sich ein klares Bild zu machen. Ist Ihr Kind schon seit längerer Zeit und öfter, also jede Woche oder gar jeden Tag den Feindseligkeiten anderer ausgesetzt, so sollten Sie prüfen, ob es sich um Mobbing handelt, wie Sie es im vorigen Kapitel beschrieben finden. Mit Hilfe der Checkliste auf Seite 36 f. können Sie sich einen genaueren Überblick verschaffen.

Sie versuchen also erst einmal dahinter zu kommen, was genau in der Schule vor sich geht.
- Sind es mehr Handlungen der Sorte „hintenherum"?
- Werden also kleine oder größere Gemeinheiten verbreitet?
- Wird Ihr Kind durch andere ausgegrenzt?
- Wurde Ihr Kind in der Schule beschämt?
- Gab es Konflikte um die Hausaufgaben? Oder die Notengebung?
- Hat es Unterricht geschwänzt?
- Haben Sie den Eindruck, in der Klasse herrscht ein schlechtes zwischenmenschliches Klima?
Versuchen Sie auch festzustellen, von wem die Sache ausgeht.
- Ist es ein einzelner Mitschüler oder ist es eher eine ganze Gruppe?
- Sind es immer die Gleichen oder immer wieder andere?
- Ist auch ein Lehrer oder eine Lehrerin beteiligt? Sind andere Kinder aus der Klasse ebenfalls von den Gemeinheiten oder Angriffen betroffen oder konzentrieren sich diese ausschließlich auf Ihr Kind?

> **Tipp**
>
> 1. Nehmen Sie Kontakt zu den Eltern anderer Kinder auf, welche Ähnliches erleben wie das Ihre. Tauschen Sie untereinander die Erfahrungen aus.
> 2. Der gute Freund, die gute Freundin Ihres Kindes, sie haben die Vorgänge mitbekommen. Lassen Sie sich diese aus der Freundesperspektive schildern.
> 3. Als betroffene Eltern sollten Sie nicht selbst den direkten Kontakt zu den Eltern eines Täters suchen. Das könnte sonst leicht zur Verfestigung der Situation führen und die Lösung erschweren. Bitten Sie die Lehrer um Vermittlung.

Beobachten Sie das Geschehen einige Tage lang, ehe Sie mit der Schule in Verbindung treten. Es sei denn, es wäre Gefahr im Verzuge. Falls die Ereignisse wirklich so schlimm sein sollten, dass ernsthafter Schaden droht, müssten Sie natürlich sofort handeln.
Lassen Sie aber gegenüber Ihrem Kind keinen Zweifel, dass Sie die Sache ernst nehmen und ihr nachgehen. Spenden Sie keinen billigen Trost der Art: „Wird schon wieder!".
Machen Sie sich Notizen über die einzelnen Vorkommnisse. Sonst geraten Einzelheiten schnell in Vergessenheit oder werden durch-

einander gebracht. Es ist wichtig, für spätere Gespräche möglichst genaue und der Wirklichkeit entsprechende Informationen zur Hand zu haben. Auf diese Weise gewinnen Sie eine Übersicht, wie häufig, wie heftig und wie bedrohlich die Ereignisse sind. Sie brauchen solche Notizen vielleicht für Ihre Gespräche; denn bei Mobbing gibt es nicht selten hartnäckige Fehleinschätzungen, die leider immer wieder vorkommen. Diese können zur Verfestigung des einzelnen Falls wie zur Ausbreitung der Gewalt in ganzen Schulklassen führen. Gegen Mobbing nicht zu handeln ist unterlassene Hilfeleistung. Damit Gegenmaßnahmen Erfolg haben können, müssen falsche Vorstellungen über das Mobbing ausgeräumt werden. Übernehmen Sie selbst Ihren Teil der Verantwortung und gehen Sie den Vorkommnissen nach.

> **Machen Sie sich Notizen und folgen Sie darin den fünf großen „W"-Fragen: Was? Wann? Wer? Wo? Wie?**

Drei Richtungen Ihres Handelns

Erste Hilfe bei Machtmissbrauch geschieht wirksam durch Machtausgleich. Das an den Rand gedrängte Opfer wird durch Beistand hereingeholt in die Mitte einer Gruppe.

1. Sie können nicht selbst in die Mitte der Klasse treten. Aber Sie können Ihrem Kind, wenn es in der Schule gemobbt wird, zu Hause den Rücken stärken und ihm so im wahren Sinne des Wortes Rück-Halt geben. Das heißt nicht blinde Solidarisierung mit der Abwehr des Angreifenden, sondern liebevolle Unterstützung Ihres Kindes. So können Sie zu Hause ein Stück Sicherheit vermitteln, ohne zur Gegengewalt zu ermuntern.

> **Dritte Form der Stärkung: Hilfe zur Selbsthilfe (Training).**

2. Die zweite Richtung ist die des Eingreifens oder der tätigen Unterstützung gegen laufendes Mobbing und dies bezogen auf das Erleben Ihres eigenen Kindes. Das ist der heikelste Teil Ihrer Aufgabe als Mutter oder Vater, der das folgende Kapitel gewidmet ist. Hier ist der direkte Kontakt mit der Schule sehr wichtig.

3. Die dritte Richtung ist die familieninterne Unterstützung und Stärkung Ihres Kindes. Das Ziel muss dabei sein, Ihrem Kind Mög-

lichkeiten zu zeigen, gar mit ihm einzuüben, wie es sich in heiklen Situationen im schulischen Alltag selbst behaupten und helfen kann. Wie dies geht, erfahren Sie im folgenden Abschnitt.

> **Tipp**
>
> Erste Form der Stärkung: Ihrem von anderen geplagten Kind Beistand leisten. Beistand gleicht Unterlegenheit aus und vermittelt Sicherheit. Zweite Form der Stärkung: aktive Unterstützung gegenüber der Schule (Intervention).

Beistand bewirkt Machtausgleich

Eltern und Geschwister sind neben den Freunden die wichtigsten Helfer bei Mobbing. Lange vor den Lehrern. Knapp 40 Prozent aller befragten Schülerinnen und Schüler gaben die Eltern als Ansprechpartner, weitere 15 Prozent Verwandte, zumeist Geschwister an. Also leistet die Familie in 55 Prozent aller Fälle die wichtigste Hilfe. Mit 11 Prozent sind die Lehrer weitaus weniger gefragt. Eltern tragen damit große Verantwortung in diesem Geschehen. Sie haben gute Chancen, Ihr Kind aus eigener Kraft und Initiative wirkungsvoll zu unterstützen.

Wie Sie eingreifen können

Es gibt keine zwei völlig gleichen Mobbingfälle. Das Geschehen ist vielfältig. Patentrezepte zum Umgang mit Mobbing und Gewalt gibt es aber leider nicht. Haben Sie den sicheren Eindruck gewonnen, dass Ihr Kind das Ziel von Mobbingangriffen ist und es sich nicht einfach um harmlose tägliche Balgereien handelt, dann sollten Sie unbedingt möglichst rasch Kontakt zur Schule aufnehmen. Wie Sie das am besten machen, lesen Sie auf Seite 70 . Sie sollten

> **Drei wichtige Erkenntnisse über das Mobbing für Ihre Argumentation:**
> 1. Mobbing vergeht nicht von allein.
> 2. Heranwachsende können Mobbing nicht unter sich regeln.
> 3. Wer gemobbt wird, ist nicht „selbst schuld".

> **Tipp**
>
> Die wichtigste Form des Beistandes ist Zuhören, sind gemeinsame Überlegungen, was man tun kann. Ihr Kind braucht das gute Gefühl: Ich bin nicht allein mit meinem Kummer. Allein das ist schon viel wert. Zeit, Geduld und der spürbare Wille, die Dinge nicht treiben zu lassen, sind wichtig. Das lohnt sich für Sie wie für Ihr Kind!

als Vater und Mutter davon ausgehen, dass es auch in Zukunft immer einmal wieder in der Schule Meinungsverschiedenheiten und handfeste Konflikte geben wird. Darauf können und sollten Sie und Ihr Kind sich unbedingt einstellen. Es kann mit Ihrer Hilfe lernen, sich darauf vorzubereiten, so wie die Feuerwehr das Löschen trainiert – in der Hoffnung, dass es nie brennen möge.

Vorbeugen durch Training

Was gewesen ist, ist vergangen. Auch der Streit von gestern. Aber man kann daraus lernen. Damit es in Zukunft anders läuft, dafür können Sie mit Ihrem Kind gemeinsam einiges tun. Was hier als Vorbeugemaßnahmen vorgestellt wird, sind darum hilfreiche Möglichkeiten zum Lernen fürs ganze Leben. Diese können einerseits das Selbstvertrauen und die Kräfte stärken und andererseits die Geschicklichkeit im Umgang mit heiklen Situationen fördern. Es braucht dafür allerdings etwas Zeit und Geduld.

Bei Mobbing sollten Sie sich unbedingt ohne weiteres Warten an die Klassenlehrerin Ihres Kindes wenden.

„Hilf mir, es selbst zu tun!", lautete der Leitsatz der berühmten italienischen Kinderärztin und Reformpädagogin Maria Montessori. Viele Lehrerinnen und Lehrer arbeiten im Rahmen des Möglichen an den verschiedensten Schulen im erzieherischen Geist der berühmten Italienerin.

Kinder können lernen, auf konstruktive Weise mit heiklen Situationen wie Beleidigungen und Provokationen umzugehen. Es gilt, den Prozess umzudrehen: mit Mut aus der Krise. Die viel zitierte chinesische Weisheit, wonach jede Krise auch eine Chance sei, hat die moderne Gehirnforschung bestätigt: Wir lernen am meisten und am besten, wo wir mit all unseren Kräften herausgefordert sind. Da strengen wir unseren Verstand und unsere Fantasie an und mobilisieren unsere besten Kräfte. Voraussetzung ist dabei immer, dass wir nicht von Angst überwältigt werden. Die überwältigende Angst lähmt uns und lässt uns „erstarren vor Schreck". Es kommt deshalb alles darauf an, jene Kräfte und Fähigkeiten zu trainieren, die uns in kritischen Situationen helfen, mit Mut zu bestehen. Sie können allmählich das Selbstvertrauen stärken und so der lähmenden Angst vorbeugen.

Verstehen Sie an dieser Stelle Ihre Rolle als Mutter oder Vater einfach einmal wie die einer Trainerin oder eines Trainers im Sport, auch als freundschaftliche Begleiter. Ermunterung und Lob für jeden kleinen Fortschritt sind dabei die Unterstützung, welche die guten Kräfte wachsen lassen. Es sind Übungen für den Konfliktfall, damit Ihr Kind künftig mehr positive Handlungsmöglichkeiten hat.

Mit Ihrer Unterstützung kann Ihr Kind lernen, mit Konfliktsituationen künftig besser umzugehen. Das ist Lernen fürs Leben.

Daran können Sie mit Ihrem Kind arbeiten:
- Selbstbewusstes Auftreten – die Stimme
- Haltung: Kopf hoch!
- Kritik aushalten
- Cool bleiben
- Gutes Mundwerk
- Starke Worte
- Friedensgesten
- „Muckies" für die Seele
- Gemeinsames Spiel
- Fitness für den Alltag

Kinder können lernen, selbst Verantwortung für ihr Handeln zu übernehmen und geschickt mit heiklen Situationen umzugehen.

So trainieren Sie fürs Leben

Was beim Lernen im Gehirn passiert, ist mit dem Entstehen einer Straße durch die unberührte Natur zu vergleichen. Sie gehen zunächst durch eine Wiese im hohen Gras. Das ist die erste Begegnung mit dem Neuen und die Suche nach dem besten Weg. Am nächsten Tag gehen Sie wieder genau an der gleichen Stelle und so jeden Tag. Durch Wiederholung bestätigt sich die Richtigkeit dieses Weges. Wenn an einer Stelle ein Problem oder ein Fehler auftaucht, schadet das nicht. Im Gegenteil. Dann lernen Sie eben, drum herumzugehen. Sie suchen den besten Weg. So entsteht allmählich ein Trampelpfad, der immer breiter wird. Der gute Weg wird zur Gewohnheit. Stellen Sie sich vor, es wird daraus ein Weg, dann eine befestigte Straße und schließlich eine Autobahn. Nun beherrschen wir den Weg. Es ist eine Straße des Erfolges geworden.

Ähnlich diesem Bild schildern moderne Hirnforscher, was beim Erlernen von grundsätzlich Neuem in unserem Gehirn passiert. Dabei wachsen die neuen Fähigkeiten und Fertigkeiten in Form neuer starker Verbindungen zwischen den Nervenzellen und verschiedenen beteiligten Zentren. So funktioniert das Lernen fürs Leben. Und so lernen auch Sie schon Ihr ganzes Leben lang, wahrscheinlich ohne dass Ihnen das bisher jemals bewusst wurde.

Auch Verhalten wird durch stetes Üben erlernt. Ein Verhaltenstraining braucht demnach Ausdauer und stete Wiederholung.

Dann sitzt am Ende auch unter Stress – also in Konfliktfällen – das erwünschte Verhalten.

Die Stimme

Ein angegriffenes Selbstvertrauen zeigt sich in verschiedensten Bereichen. Die Stimme klingt meistens verzagt, ängstlich, jammernd, traurig oder deprimiert, wenn man sich in einer Alltagssituation unterlegen oder gar hilflos fühlt. Das aber ermutigt Angreifer geradezu. Klingt die Stimme je-

> **Tipp**
>
> Üben Sie mit Ihrem Kind, ein lautes „Nein!" oder „Lass das!" zu rufen, wenn es von jemandem attackiert wird. Probieren Sie es zuerst selbst aus: Stellen Sie sich eine Situation vor, in der Sie selbst es tun würden. Was geht dabei in Ihnen vor? Sie wappnen sich. Sie atmen tief ein und stützen Ihren Atem ab. Dann rufen Sie laut und mit fester Stimme: „Nein!" Sie schauen Ihr Gegenüber dabei fest an. Leiten Sie Ihr Kind auf diese Weise an.

doch sicher, kraftvoll, ruhig oder volltönend, dann signalisiert das einem Angreifer: Der hat keine Angst. Die Angriffslust wird durch Vorsicht gedämpft. Die Stimme hört sich nicht nur kraftvoll an, sie gibt auch innere Kraft und Sicherheit. Achten Sie einmal bewusst in den unterschiedlichsten Situationen des Alltags auf die Stimme Ihres Kindes. Die Stimme kräftigt sich am besten und natürlichsten durch Singen, aber auch durch den bewussten Gebrauch der Sprechstimme. Kennen Sie draußen in der Natur eine Stelle, an der es ein Echo gibt? Wo es aus dem Wald so herausschallt, wie Sie hineinrufen? Ein freier Hang mit Äckern oder Wiesen vor einer Talsenke, dahinter ein geschlossener Wald sind das ideale Gelände. Auch über einen Fluss oder See hinweg gegen einen steilen Hang funktioniert es. Da muss man möglichst laut rufen, umso schöner kommt das Echo zurück. Sicher kennen Sie das alte Spiel: „Wie heißt der Bürgermeister von Wesel?" „Esel, Esel, Esel ..." Natürlich kann man auch im stillen Kämmerlein laut lesen, ein Gedicht aufsagen oder Kraftausdrücke loslassen, sogar laut schreien. Lautes Vorlesen ist nicht nur ein gutes Training für Lesetechnik und Leseverständnis, es ist auch gut fürs Selbstvertrauen. Lassen Sie Ihr Kind eine lustige oder auch eine packende Geschichte übend vorbereiten, sodass die Technik keine Probleme bereitet. Das ist möglich von dem Zeitpunkt ab, zu dem das Lesen einigermaßen beherrscht wird.

Das Spiel mit dem Echo in der freien Natur gibt der Stimme Sicherheit.

Tipps für eine gute Stimme und sicheres Auftreten

1. Lautes Flüstern ist nicht nur ein nettes Spiel, es kräftigt Atem und Stimmorgan. Flüstern Sie jeden Tag einige Minuten lang oder auch länger, wenn es besonderen Spaß macht.
2. Ein nettes Familienspiel könnte die Übung von Tierlauten sein: Unterhalten Sie sich zehn Minuten wie die Hunde oder wie die Katzen. Der Fantasie sind auch hier keine Grenzen gesetzt.
3. Lautes und gut vorgeübtes Vorlesen ist nicht nur für das Leseverständnis nützlich und wichtig. Es ist auch eine Gelegenheit, die Sprechstimme sicherer zu machen.
4. Lustige Geschichten oder einen Witz zu erzählen, stärkt ebenfalls die Sicherheit im Auftreten und vor allem im bewusst gestaltenden Einsatz der Stimme.
5. Sie können in der Familie kleine Theaterstückchen spielen, in denen Ihr Kind eine starke Rolle bekommt. Machen Sie am besten immer selbst mit.

Kopf hoch!

Ein gutes Selbstvertrauen drückt sich auch in der Körperhaltung aus. Sind wir deprimiert oder enttäuscht, lassen wir den Kopf und die Schultern hängen. Sind wir voller Selbstvertrauen, gehen wir „erhobenen Hauptes" und mit straffem Oberkörper. Unsere Muskulatur drückt unsere positive Gefühlslage aus. Geht das nicht auch umgekehrt, dass wir also durch eine bewusste Änderung unserer Haltung unsere Gefühlslage ins Positive kehren können? Probieren Sie es einfach mit dem folgenden kleinen Experiment selbst aus: Machen Sie mit Ihrer Tochter oder Ihrem Sohn ab und zu ein Lächel-Experiment. Auch und gerade nach einem weniger erfreulichen Schulbesuch.

Setzen oder legen Sie sich bequem hin und entspannen Sie bewusst Ihre Gesichtszüge. Achten Sie auf Ihren Atem und entspannen Sie die Gesichtsmuskeln bei jedem Ausatmen ein wenig mehr. Lassen Sie „die Seele baumeln". Nach einigen Atemzügen verziehen Sie Ihre Mundwinkel nach oben wie beim Lächeln, aber ohne Beteiligung des Gefühls. Halten Sie etwa eine Minute durch und achten Sie darauf, was geschieht. Sie werden nach wenigen Augenblicken feststellen, dass Sie eine Gefühlsregung verspüren, als würden Sie lachen.

Dies ist der Beweis dafür, dass nicht nur unser Gefühl sich in unserer Körperhaltung ausdrückt, sondern dass auch das Umgekehrte passiert: Wenn wir stolz wie ein Torero daherschreiten, stellt sich auch das dazugehörende Gefühl ein. Achten Sie bei solchen Übungen jedoch unbedingt auf die innere Freiheit und Freude beim Experiment. Wenn Ihrem Kind nicht danach ist, warten Sie auf eine bessere Gelegenheit dazu und versuchen Sie, nichts zu erzwingen.

Gute Gefühle gedeihen nur in Freiheit.

Cool bleiben

„Ein Indianer kennt keinen Schmerz", hieß es für frühere Generationen, um das Ziel der Selbstbeherrschung bei Verletzungen in eine einleuchtende Regel zu fassen. Wenn bei den Kindern und Jugendlichen von heute die oberste Anforderung heißt, cool zu bleiben, ist damit etwas Ähnliches und doch noch mehr gemeint.

Cool bleiben – ▶ dann gibt's weniger Stress.

Sich durch Provokationen aller Art nicht aus der Fassung bringen zu lassen, gilt als „cool". Trainieren, das Coolbleiben im Verhalten unter Beweis zu stellen, wie soll das gehen? Wie kann man das machen, sich bei voller Wahrnehmung dessen, was geschieht, nicht aus der Fassung bringen zu lassen?

■ Eine einfache Methode, die wohl jeder Erwachsene kennt, kann auch schon ein Grundschulkind lernen: Wenn die Aufregung hochsteigt, zuerst dreimal ruhig atmen, bevor man etwas macht. Vereinbaren Sie dies mit Ihrem Kind als Regel und ergänzen Sie von Ihrer Seite eine Handbewegung, zum Beispiel das Heben der offenen rechten Hand bei aufkeimender Aufregung oder die waagerecht ausgestreckte offene Hand, wobei die Handfläche nach unten zeigt. Vereinbaren Sie das auf Gegenseitigkeit. Auch Ihr Kind darf Ihnen dieses Zeichen geben, wenn Sie Mühe haben, die Ruhe zu bewahren. Es stärkt Ihr Kind, wenn es mit Ihnen durch solch kleine Rituale, gewissermaßen auf geheimer Ebene und für andere kaum wahrnehmbar, verbunden ist. Das schafft Vertrauen.

- Beim gemeinsamen Fernsehen oder beim Kinobesuch geeigneter Jugendsendungen entdecken Sie gemeinsam „coole Vorbilder". Sprechen Sie mit Ihrem Kind darüber, was an dem „guten Helden", um den es gerade geht, so „cool" ist.
- Spenden Sie Ihrem Kind Anerkennung, wenn es eine schwierige Situation gut gemeistert hat, etwa eine Klassenarbeit, vor der es Bammel hatte. Lassen Sie sich berichten, wenn es ihm gelungen ist, in einer Diskussion „cool" zu bleiben.
- Spielen Sie gemeinsam eine Szene nach, die sich in der Schule abgespielt hat und bei der vielleicht die Fetzen geflogen sind. Suchen Sie gemeinsam nach verschiedenen Lösungen. Wie hätte das auch anders gehen können?

Training fürs Mundwerk

Ist Ihnen das nicht auch schon so ergangen: Sie begegnen einer Frechheit, sind baff, sagen etwas, aber erst hinterher fällt Ihnen eine wirklich gute Antwort ein? Sie ärgern sich vielleicht, dass Ihnen das nicht gleich eingefallen ist, und vergessen die Sache möglichst schnell. Und das nächste Mal?

Trainieren Sie doch besser Ihre Schlagfertigkeit. Dann steigen Ihre Chancen, bald um keine Antwort mehr verlegen zu sein. Und zwar so: Erinnern Sie sich daran, was beim letzten Mal passierte. Was sagte Ihr Gegenüber, worauf Ihnen keine richtige Antwort einfiel? Notieren Sie sich die Worte möglichst genau.

> **Die Schlagfertigkeit kann durch Training erheblich gesteigert werden.**

Nun gehen Sie vor wie ein Journalist, der eine gute Schlagzeile sucht. Nehmen Sie ein Blatt Papier oder einen Notizblock und notieren Sie jede Antwort, die Ihnen einfällt, ohne groß zu überlegen, ob das nun eine gute Antwort ist oder nicht. Suchen Sie nach Antworten, die möglichst direkt und genau, möglichst „schlagend", also auch völlig überraschend sind. Nehmen Sie sich ruhig ein paar Tage Zeit für dieses Spiel. Jedes Mal, wenn Ihnen eine treffende Antwort einfällt, schreiben Sie diese auf. Sammeln Sie zwanzig und mehr Antworten und suchen Sie dann die fünf besten, die drei

> **Tipp**
>
> Pfiffige Antworten auf böse Worte:
> - „Streber!" „Ich möchte es einfach wissen."
> - „Petze!" „Du weißt genau, dass das nicht in Ordnung war. Lass es doch einfach sein!"
> - „Dummkopf!" „Es fällt eben nicht jeder als Genie vom Himmel."
>
> Wichtig ist es, gelassen oder gar lächelnd zu antworten.

besten und dann die allerbeste aus.

Suchen Sie für sich selbst immer weiter nach guten Antworten, auch wenn die Gelegenheit zur Anwendung längst vorbei ist. Sie üben so vor, trainieren Ihr Gehirn für spätere Gelegenheiten. Sie helfen Ihrem Gehirn zu mehr Schlagfertigkeit. Sie lernen vorbeugend und das ist sehr nützlich. Selbst wenn Sie dann eine ganz andere Situation erleben, profitieren Sie von Ihrem Training. Lassen Sie damit nicht nach, üben Sie nach jeder Gelegenheit weiter und immer weiter. Nach einiger Zeit können Sie den Lohn Ihrer Mühen ernten. Das merken Sie daran, wenn Ihnen spontan eine wirklich treffende Antwort einfällt. Üben Sie weiter!

Zeigen Sie Ihrem Sohn, Ihrer Tochter, wie das geht. Berichten diese von Gemeinheiten, die ihnen andere an den Kopf werfen, dann können Sie davon ausgehen, dass das immer wieder ähnliche Gemeinheiten sind, die von den immer gleichen Mitmenschen ausgehen. Übrigens ist die beste Antwort in einer kritischen Situation nicht die, die das Gegenüber klein macht, sondern diejenige, welche die Situation entspannt. Es geht ja darum, wie man kritische Situationen durch ein kluges Wort entspannt, und nicht darum, das Gegenüber zu beschämen. Ziel ist zu vermeiden, dass es zu Prügeleien kommt oder dass die Gewalt in anderer Form ausufert. Kinder sollen lernen, sich auf respektvolle Weise Respekt zu verschaffen. Das ist Lernen fürs Leben. Dies ist eine Leistung, die Sie ganz direkt für die gute Entwicklung Ihres Kindes im direkten Kontakt erbringen können. So etwas kann die Schule im Klassenunterricht niemals leisten. Da sind Sie unschlagbar.

Trainieren Sie Ihr Kind in der Kunst der klugen Antwort auf böse Worte.

Übrigens kann das ja eine sehr vergnügliche Angelegenheit werden. Sie werden viel Gelegenheit haben, miteinander über Ihre witzigen Einfälle zu lachen. Und Lachen hat eine sehr heilsame Wirkung.

> **Lachen ist Balsam für die Seele.**

Starke Worte

Prügel drohen immer dann, wenn die Worte ausgehen oder gar kein Gespräch zustande kommt. Ihr Kind kann es lernen, das Gegenüber nach einer verbalen Pöbelei offen und ohne Angst anzusehen und möglichst freundlich, aber bestimmt zu fragen:

- „Was ist?"
- „Hey! Habe ich dir was getan?"
- „Wie meinst du das?"
- „Meinst du mich?"
- „Wie bitte?"
- „Kannst du das noch mal sagen? Ich habe dich nicht richtig verstanden."

Auch starke Aussagesätze können den Bann brechen helfen:

- „Entschuldige! War nicht so gemeint!"
- „Lass uns drüber reden!"
- „Lass mich in Ruhe! Ich tu dir ja auch nichts."

Ist man zu aufgeregt, hilft es, erst einmal tief einzuatmen oder bis drei zu zählen. Das bringt schon etwas Ruhe in die erregte Situation. Solche Sachen können Sie mit Ihrem Kind immer wieder üben. Die erwähnten Sätze sind natürlich nur einige Beispiele. Finden Sie immer wieder neue Möglichkeiten und verraten Sie Ihrem Kind auch, was Sie selbst machen, um sich in kritischen Situationen zu beherrschen und möglichst die Ruhe zu bewahren. Sie wissen doch selbst nur zu gut, dass Sie bereits Ihr ganzes Leben lang daran arbeiten. Außerdem ist dies auch eine Temperamentsfrage.

> **Starke Sätze können eingeübt werden. Kluge Fragen ebenso wie wirkungsvolle Aussagen.**

Hilfreiche Gesten

Der unterlegene Wolf bietet dem Sieger die Kehle nicht, damit dieser sie durchbeiße, sondern damit er das nicht tut, weil er es nämlich nicht kann. Auf Schulhöfen kann man beobachten, dass diese als Beißhemmung bekannte Programmierung des Gehirns bei vielen Kindern nicht mehr zu funktionieren scheint. Der am Boden liegende geschlagene Gegner wird mit Tritten traktiert, obgleich er sich erkennbar nicht dagegen wehren kann.

Droht Gewalt, ist es sinnvoll zu versuchen, sie mit einer freundlichen Geste aufzuhalten. So kommt die Aggression gar nicht in Gang. Wir sprechen ja auch von einem entwaffnenden Lächeln. Freundlichkeit kann drohende Gewalt abwenden. Das heißt auch, sich nicht anmachen zu lassen.

> Sogar eine einfache Geste kann sehr hilfreich sein und einen Gegner besänftigen.

Kinder und Jugendliche schaffen das oft mit einer einfachen Geste. Sie schauen ihren Gegner freundlich an und heben beide Hände, die Handflächen nach vorne in Brusthöhe. Die offenen Handflächen werden zum Gegner gerichtet, statt die Fäuste zu heben. Dazu kann eine angedeutete Verbeugung, also Kopfnicken mit erhobenem Blick und freundlichem Lächeln helfen. Das signalisiert jedem Gegner die friedliche Absicht, wirkt besänftigend. Wer das tut, gibt aber auch seinem Gegner das Zeichen, dass er sich nicht unterlegen fühlt. Er zeigt: „Ich habe keine Angst vor dir!"

Ist das erst geschafft, dann können gute Worte weiterhelfen. Oft ist es ja so, dass ein böses Wort oder eine bedrohliche Geste gar nicht so böse gemeint sind.

Mitunter hilft ein schlichtes Schulterzucken mit leicht erhobenen offenen Händen. Allerdings sollte man dabei in aufrechter Haltung das Gegenüber fest im Blick haben und verwundert die Augenbrauen heben. Sich auf keinen Fall „wegducken".

„Muckies" für die Seele

Als Erwachsene kennen Sie die Bedeutung eines gesunden Selbstvertrauens. Namentlich in Krisenzeiten sorgt es dafür, dass wir nicht so leicht aus dem seelischen Gleichgewicht geraten. Es ist in uns gewachsen durch unzählige gute Erfahrungen in vielen Jahren. Wir haben seine Gefährdung durch Misserfolge beim Lernen, in der Bewältigung unserer täglichen Probleme und in unseren zwischenmenschlichen Beziehungen überwinden gelernt. Ja man könnte sagen, dass es sich damit ähnlich verhält wie mit der geschäftlichen Bilanz. Es kommt darauf an, dass immer genug übrig bleibt und wir nicht dauerhaft ins Minus geraten.

Gute Gefühle bewusst erinnern

Nehmen Sie sich jetzt gleich einen Moment Zeit, lehnen Sie sich entspannt zurück und versetzen Sie sich zurück in die Situation, als Sie selbst zum ersten Mal selbstständig geschwommen sind oder Rad gefahren. Das ist das schöne Gefühl, aus dem das Selbstvertrauen heraus wächst. So schaffen Sie mit einer kleinen Übung Gelegenheit zur Erinnerung an erfolgreiches Lernen.

Machen Sie diese Übung öfter mit Ihrem Kind. Legen Sie dazu möglichst eine ruhige, entspannende Musik auf und regen Sie Ihr Kind an, sich das ganz lebendig vorzustellen. Nehmen Sie ausschließlich positive Lernerfahrungen dazu, die wirklich als besondere Erfolgserlebnisse in Erinnerung sind: „Denke zurück an die Zeit, als du noch klein warst. Erinnere dich, wie es war, als du zum ersten Mal mit dem Rad gefahren bist (den eigenen Namen geschrieben hast, die Schuhe binden konntest, geschwommen bist usw.)." Wichtig ist, sich das einmalige Gefühl lebhaft in Erinnerung zu rufen und voll zu genießen: Toll, ich kann's!

Die wichtigste Kraft ist der Dauervorschuss der Liebe und guten Zuwendung, die Sie Ihrem Kind geben. Das ist wie der Kreditrahmen im Geschäftsleben und doch unendlich viel wichtiger. Es bietet Sicherheit und Handlungsmöglichkeiten. Sie ist so wichtig wie die tägliche Nahrung, aber doch nur in der Form, dass sie da ist und abgerufen werden kann wie ein unsichtbares Band. Dieses Band beweist seine Wichtigkeit seltsamerweise besonders dadurch, dass es im Laufe der Zeit immer weniger straff, sondern vielmehr immer lockerer wird. Mit diesem Bild ist gemeint, dass sich die elterliche Liebe besonders dadurch beweisen muss, dass sie sich zurücknimmt, um dem Kind die Erfahrung der zunehmenden selbstständigen Bewährung zu ermöglichen. Hüten Sie sich daher vor zu viel Schwimmhilfe im Strom des Lebens für Ihr Kind.

Ermöglichen Sie ihm viel selbstständige Bewährung. Jede neu erlernte Fertigkeit stärkt das Selbstvertrauen und erweitert die Handlungsmöglichkeiten: Rad fahren, Schwimmen, Jonglieren. Was auch immer Ihr Kind neu gelernt hat, es löste einmal das schöne Gefühl aus: Ich kann's! Ermöglichen Sie ihm solche Erfahrungen immer wieder.

Sorgen Sie dafür, dass Ihr Kind Erfolge erleben kann.

Ob Ihr Kind ein Instrument spielen lernt, das Schach- oder Tennisspiel oder welche besondere Fertigkeit auch immer, wichtig ist, dass es von innen heraus möchte und Begeisterung für sein „Hobby" empfindet. Begeisterung setzt Kräfte frei und fördert ohne großes Zutun von außen die Stärkung des Selbstvertrauens. Das ist es, was ich die „Muckies" für die Seele nenne.

Das muss kein teures Hobby sein. Im Gegenteil: Zufriedenheit und Erfolg sind überall erreichbar. Es muss nicht das sein, was alle anderen gerade machen, und es sollte nichts sein, was den Geldbeutel der Eltern ruiniert.

Gemeinsames Spiel

Es mag Ihnen wie eine Selbstverständlichkeit vorkommen und doch soll es als ein nicht zu unterschätzender Weg zu einem starken Selbstvertrauen erwähnt sein, das gemeinsame Spiel von Eltern und Kindern. Ob es sich um traditionelle Brettspiele oder um

Gesellschaftsspiele wie Blinde Kuh handelt, spielt dabei eine untergeordnete Rolle. Bekannt ist ja die Überlegenheit der Kleinen über die Älteren bei Memory-Spielen, bei denen man sich zusammengehörige, verdeckt liegende Karten merken muss. Auch andere Geschicklichkeitsspiele wie Mikado, die beliebten japanischen Stäbchen, oder der Turmbau mit Holzklötzchen sind sehr geeignet und machen der ganzen Runde großen Spaß. Suchen Sie also am besten Spiele aus, bei denen – altersangemessen – Ihr Kind gute Chancen zur Bewährung hat.

Am besten sind gemeinsame Unternehmungen: Bewegungsspiele mit und ohne Ball, ab und zu eine kleine Radtour am Wochenende. Alt und Jung gemeinsam auf Inlinern? Lassen Sie Ihre Fantasie walten, aber übertreiben Sie es nicht. Es muss Spaß machen, sonst hat es keinen Sinn. Eine weitere Möglichkeit ist das gemeinsame Singen und Musizieren. Wenn Ihr Kind in der Schule gerade einiges auszuhalten hat bis hin zum Mobbing, dann sind solche Erlebnisse sehr entlastend und aufbauend. Überhaupt hat gemeinsames Singen und Musizieren eine überaus positive Wirkung.

> **Tipp**
> Schaffen Sie möglichst viele Gelegenheiten für gemeinsame positive Erlebnisse in der Familie. Besonders dafür geeignet ist das gemeinsame Spielen oder Musizieren.

Fitness für den Alltag

Man muss nicht dem Fitnesswahn mancher Zeitgenossen frönen, um die Bedeutung der körperlichen Fitness für die erfolgreiche Bewältigung des Alltags zu beachten. Das gilt auch und gerade für die Familie mit Kindern.

Es ist nicht das Thema dieses Buches und soll deshalb nur am Rande erwähnt werden, weil es auch für die indirekte Gewaltvorbeugung sehr wichtig ist. Bewegung durch Sport und Spiel, auch ein gezieltes Training des Kraftzuwachses ist wichtig. Eltern können ihren Kindern da entweder selbst oder über den Anschluss an einen Sportverein viel Selbstbewusstsein mitgeben. Aber bitte üben Sie keinen Zwang aus.

Was rate ich meinem Kind?

Soll ich meinem Kind raten zurückzuschlagen, wenn es angegriffen wird? Diese Frage kann nicht mit einem einfachen Ja oder Nein beantwortet werden. Grundsätzlich aber gilt für jeden Menschen – auch für das Kind – das Recht auf Notwehr. Es sollte lernen zu unterscheiden zwischen dem gewöhnlichen Kräftemessen und der Absicht zu schädigen. Gegen diese Absicht soll es sich ruhig wehren. Mit Worten, wenn möglich, aber auch mit Taten, falls nötig.

Flucht oder Kampf? Das ist die Frage! Zivilcourage ja, helfen ja, doch statt den Helden zu spielen, sollte man lieber Hilfe holen. Übrigens: Das ist kein Petzen.

Vom Recht auf Notwehr

Sich in einer bedrohlichen Situation an einen Lehrer zu wenden, ist kein Petzen. Diesen Unterschied würde ich meinem Kind klar machen. Hilfe zu holen ist vor allem dann dringend zu empfehlen, wenn sich Ihr Kind oder ein anderes Kind in einer unterlegenen Situation befindet, weil ein einzelner Gegner über weit größere Körperkräfte verfügt oder weil es mehreren Gegnern gegenübersteht. Da gibt es auf dem Schulhof und im Gebäude immer irgendwo einen Lehrer oder eine Lehrerin, an die man sich Hilfe suchend wenden kann. Das muss nicht die eigene Klassenlehrerin sein, die vielleicht gerade gar nicht in der Schule oder zumindest nicht erreichbar ist. Benutzen Sie zum Beispiel die Worte: „Hallo! Könnten Sie mal bitte kommen? Da drüben passiert gerade was."

Auch die (heimliche) Benutzung eines Handys kann in einer solchen Situation nützlich und hilfreich sein. Man kann ja solche modernen Mittel auch auf dem Schulhof nutzen. Oder auf dem Heimweg. Auf dem Handy kann außer den elterlichen Rufnummern beispielsweise die Direktwahl des Schulleiters und des Lehrerzimmers oder auch der Vertrauenslehrerin gespeichert sein, sodass es in der Aufregung keine Fehlwahl gibt. Auch die Notrufnummer der Polizei, bundeseinheitlich 110, kann hilfreich sein, etwa wenn Ihre zwölfjährige Tochter auf dem Heimweg von einem oder mehreren Jungen dumm angemacht wird und sich allein nicht mehr zu helfen weiß.

Flucht oder Kampf?

Machen Sie Ihrem Sohn, er wird von körperlicher Gewalt eher betroffen sein als ein Mädchen, am besten auch klar, dass er kein Feigling ist, wenn er in einer ihm bedrohlich erscheinenden oder beängstigenden Situation lieber die Flucht ergreift, als sich von drei stärkeren Burschen vertrimmen zu lassen. Man kann auf dem Heimweg auch ohne Gesichtsverlust die Straßenseite wechseln, wenn man schon von Ferne erkennt, dass da Gefahr im Anmarsch ist.

Etwas anderes ist es beim kameradschaftlichen Kräftemessen auf dem Schulhof. „Wir machen doch nur ein kleines Kämpfle", hört man da als Erwachsener von zweien, die sich gerade mit hochroten Köpfen vom Boden erheben. Es ist nicht unehrenhaft, „im Kampf" der Unterlegene zu sein. Unehrenhaft wäre es da für einen Jungen schon eher, jedem Ringkampf aus dem Weg zu gehen. Aber auch das ist mitunter einfach eine Temperamentsfrage. Schauen Sie sich dazu auch die Stoppregel auf Seite 25 an.

> **Tipp**
>
> Machen Sie eine Art „Feuerwehrübung" der folgenden Art per Handy oder Telefon: „Ich bin hier am Eingang zur Sporthalle. Drei fremde große Jungen verprügeln einen Klassenkameraden. Können Sie schnell kommen?" Es geht dabei um möglichst genaue Ortsangabe und knappe Schilderung des Sachverhaltes. Solche „Trockenübungen" helfen Ihrem Kind, im Ernstfall nicht so schnell die Ruhe zu verlieren.

◀ Nehmen Sie aktuelle Ereignisse zum Anlass, mit Ihrem Kind zu besprechen, was Sie möglicherweise selbst in einer bestimmten Situation getan hätten oder was Sie Ihrem Kind raten würden.

Wenn Ihr Kind zur Gewalttätigkeit neigt

Jochen (unser Beispiel auf den Seiten 11 und 38) galt seit seinem zehnten Lebensjahr als „Schläger". Der einst sanfte Junge war der Prügelknabe seiner Mitschüler fast vom ersten Schultag der Grundschule an. In Wirklichkeit wehrte er sich später einfach gegen eine feindselige Umgebung. Auch gegen die Ungerechtigkeiten und Bösartigkeiten einiger Mitschüler. Der Prügelknabe blieb er übrigens trotz seiner Aggressivität. Er sagte später von sich, er habe sich einfach immer so schnell aufgeregt.

Versuchen Sie zunächst einmal herauszufinden, was abläuft und wer beteiligt ist. Sie können die Checkliste Seite 36 f. zu Hilfe nehmen und Ihr Kind nach dem fragen, was es gemacht hat. Was Sie aber nicht tun sollten, ist, sich innerlich zum bedingungslosen Verteidiger Ihres Kindes zu machen oder sich gegen die anderen beteiligten Kinder zu stellen.

Wird Ihrem Kind Gewalttätigkeit vorgeworfen, sollten Sie blinde Unterstützung oder gar eigene Feindseligkeit gegen andere Kinder meiden.

Das wichtigste Ziel ist nicht herauszufinden, wer woran schuld ist, sondern wo und wie genau sich dies oder jenes ereignet hat. Natürlich sind Sie als Beistand an der Seite Ihres Kindes. Aber Ihr zweites Ziel ist es ja, Ihrem Kind zu helfen, dass es aus seiner Rolle herauskommt. Muss Ihr Sohn der Stärkste sein und muss er dies sich selbst und den anderen laufend durch Schläge beweisen, die er austeilt oder auch nur androht? Beneidet Ihre Tochter insgeheim andere um ihre teuren Klamotten und Hobbys? Ärgert sie sich über die Überheblichkeit einer „Streberin"?

Der tägliche Zoff kann viele „Gründe" haben. Das kann mit dem Selbstwertgefühl, mit Neid und Missgunst ebenso zu tun haben wie mit „Vorbildern", denen man besser nicht nacheifern sollte. Versuchen Sie dahinter zu kommen, was es wirklich ist, dann können Sie besser mit Rat und Tat am Problem ansetzen.

> **Tipp**
>
> Üben Sie mit Ihrem Sohn/Ihrer Tochter die „Goldene Regel" ein:
> 1. Zunächst sollte er/sie die Bedeutung der Regel verstehen. Das wird besonders bei kleineren Kindern wichtig sein.
> 2. Er/sie sollte die Regel sicher aufsagen können.
> 3. Wenden Sie die Regel im Alltag an. Sooft ein Vorkommnis (auch in der Familie) sich dafür eignet, erinnern Sie an die Regel.
> 4. Tun Sie das möglichst mit Humor, um Konfliktsituationen zu entschärfen. Sie können dazu ein geheimes Signal vereinbaren, das nur Ihnen und Ihrem Kind bekannt ist.

„Was du nicht willst ..."
Machen Sie Kants moralischen Rat zur goldenen Regel: „Was du nicht willst, das man dir tu, das füg auch keinem andern zu!" Diese in Jahrhunderten bewährte Verhaltensmaßregel hat sicher noch keinen Krieg verhindert. Dass sie eine segensreiche Wirkung hat, wird dennoch kaum jemand bezweifeln. Sie wissen selbst sehr gut, wie oft Sie sich Ihnen in Entscheidungssituationen in den Weg gestellt hat. Wenn Sie diese goldene Regel eingeübt haben, wird sie in Zukunft ihre wundersam besänftigende Wirkung entfalten können. Passiert dann wieder einmal ein Rückfall, was ziemlich sicher ist, dann setzen Sie einfach einige Zeit die Übung fort.

Überhaupt bringt jedwede Form von rhythmischer und sonstiger musikalischer Betätigung Aggressionen zum Verschwinden. Der weltberühmte Violinvirtuose Yehudi Menuhin meinte einmal, man könne in jeder Schule die Aggressionslust in wenigen Tagen überwinden, indem man mit den Kindern singt. Er wusste das aus eigener praktischer Erfahrung. Schließlich hat er in London höchst erfolgreich eine eigene Schule zur Förderung des musikalischen Nachwuchses betrieben.

Die Übungen des häuslichen Trainingslagers können nützlich und hilfreich sein für angriffslustige wie für angegriffene Kinder.

Das Gute im Anderen entdecken

Eine gute Übung der Kraft zur Toleranz stellt das Entdecken des Guten im Anderen dar. In jedem Streit verengt sich die Wahrnehmung des Gegenübers. Wir sehen plötzlich nur noch schlechte Eigenschaften, die uns gegen ihn aufbringen. Das geht Ihrem Kind nicht anders als Ihnen selbst. Es kann darum sehr hilfreich sein, sich einmal ganz bewusst an Situationen zu erinnern, in denen er sich von seiner besten Seite gezeigt hat. Damit helfen wir zu verhindern, dass andere bei Meinungsverschiedenheiten in unserem Bewusstsein gleich zu Feinden werden.

> Es kommt darauf an zu lernen, gerade bei Meinungsverschiedenheiten den ganzen Menschen zu sehen. Das kann auch ein Kind lernen.

Nehmen Sie ein Blatt Papier und bitten Sie Ihr Kind, Ihnen Ereignisse zu nennen, bei denen gute Eigenschaften eines Gegners zum Vorschein gekommen sind:

- Hat sich beim letzten Fußballspiel für ein Foulspiel entschuldigt
- Hat mir bei einer Mathematikaufgabe geholfen
- Hat einem anderen von seinem Pausenvesper was abgegeben
- Hat mich mit seinem Gameboy spielen lassen
- Geht für seine Oma einkaufen

Etwas wieder gut machen

Ihr Kind kann erkennen lernen, dass es möglich ist, einen Fehler zuzugeben, ohne dabei seine Selbstachtung einzubüßen. Sagen wir Fehler statt Bosheit oder Gewalttätigkeit, dann klingt das schon viel besser. Nennen wir „Jochen" nicht einen Schläger, sondern einen Jungen, der sich schnell aufregen muss, dann ist das Tor zur Verständigung plötzlich offen. Denkbar ist,

- am nächsten Tag auf den am Vortag verprügelten Mitschüler zuzugehen, ihm die Hand zu geben und um Verzeihung zu bitten und zu versichern: „Kommt nicht wieder vor".
- hinzugehen, sich zu entschuldigen und zu fragen, wie man einen Schaden wieder gutmachen kann.
- sich vor der ganzen Klasse aus freien Stücken für eine Beleidigung zu entschuldigen, wenn diese vor der ganzen Klasse passiert ist. Weniger belastend ist natürlich die Entschuldigung unter vier Augen.

Zucker für den Löwen

Wenn ein Kind – und sei es das Ihre – zur Gewalt neigt, leicht ausrastet oder dazu, andere unter Druck zu setzen, werden Sie sich die Frage stellen, wie Sie diesem Problem begegnen können. Ihr Kind wird möglicherweise auf den einen oder anderen Mitschüler einen gehörigen Zorn entwickelt haben, ein ausgesprochenes Feindbild gar. Sie sollten sich Ihrerseits vor jeder Form der blinden Unterstützung hüten. Einer Wendung zum Guten und der Einleitung einer positiven Entwicklung direkt hinderlich wäre es bestimmt, wenn Sie sich gar die feindselige Haltung Ihres eigenen Kindes gegen andere zu Eigen machen würden. Es ist auf jeden Fall ratsam, sich als Eltern stets selbstkritisch zu prüfen, um nicht in solche Fallen zu tappen und womöglich gar eine Verschärfung der Auseinandersetzungen zu riskieren.

Kinder üben manchmal Gewalt aus, weil sie sich anders nicht bestätigt fühlen. Das heißt, Gewalttätigkeit hat etwas mit zu geringem Selbstvertrauen zu tun. Man muss sich seines Wertes versichern, indem man andere ihres Wertes beraubt. Etwas grob gesprochen braucht es also das, was ich „Zucker für den Löwen" nenne: Anerkennung seines Wertes. Wenn Ihr Kind für seine guten Eigenschaften und Taten gelobt wird, kann es auch leichter darauf verzichten, sich seines Wertes, seiner Macht, durch das Tyrannisieren anderer Kinder zu versichern.

Sie kennen Ihr Kind, wissen, was es besonders gut kann. Holen Sie es ab bei seinen guten Seiten. Ich habe es oft erlebt, dass sich ein nach außen ruppiger Dreizehnjähriger als hilfsbereiter und dabei äußerst liebenswürdiger Helfer für seine Mutter oder für einen Nachbarn entpuppte.

> **Tipp**
>
> Auch als aggressiv und gewalttätig bekannte Burschen sind nicht grundsätzlich und immer angriffslustig oder gar gewalttätig. Das ist nur eine ihrer verschiedenen Rollen, die sie leben. Verstärken Sie mit Lob und Anerkennung die guten Seiten und loben Sie Ihren kleinen Löwen für jede Form der Selbstbeherrschung, des friedlichen Verhaltens und der Hilfsbereitschaft. Jeden Tag bei mindestens einer Gelegenheit.

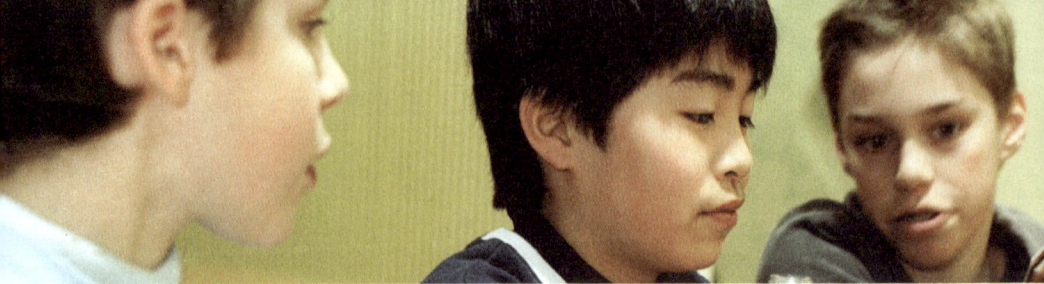

Eltern und Schule: Gemeinsam handeln!

Für Sie als Eltern ist es zunächst einmal nicht einfach, auf das Geschehen in der Schule Einfluss zu nehmen. Doch schließlich sind die Probleme um Gewalt und Mobbing dort nicht zu übersehen. Sie müssen angegangen werden. Dabei liegt es im gemeinsamen Interesse von Ihnen als Mutter oder Vater und den Lehrern in der Schule, den Erscheinungen der Gewalt entgegenzutreten. Es ist auch das Interesse der anderen Eltern. Schließlich vermindern andauernde Konflikte und Streitereien unter den Schülern Aufmerksamkeit und Lernerfolg. Aber auch das, was in vielen Schulklassen als Unterrichtsstörungen, als Unkorrektheiten oder gar Lernverweigerung, an Schwänzen und Schlampen vorkommt, hat schwere Folgen. Das Bemühen um eine gute Zusammenarbeit zwischen Ihnen, den anderen Eltern und den Lehrern drängt sich geradezu auf. Das Problem sollte von Ihnen unbedingt auf zwei Ebenen und kann auch auf der dritten angegangen werden:

- Die individuelle Ebene: Sie und die zuständige Lehrerin
- Die Klassenebene: Sie, die andern Eltern und die Lehrer
- Die Schulebene: Sie, der Elternbeirat und die Schulkonferenz.

Kontakt zu den Lehrern

Direkten Einfluss zu nehmen ist Sache der Schule. Der Klassenlehrer hat die Verantwortung für das Geschehen in der Klasse.

Er hat die dienstliche Aufgabe, dafür Sorge zu tragen, dass sich jedes Kind gut entwickeln kann. Daher ist es wichtig, einen möglichst positiven Kontakt zu ihm zu halten.

Schulinterne Regeln

Viele Lehrer geben den Eltern am ersten Elternabend des Schuljahres ihre private Telefonnummer, gar ihre E-Mail-Adresse, damit sie bei Bedarf Kontakt aufnehmen können. Da und dort wird es jedoch mit dem Datenschutz etwas übertrieben. Der Kontakt zwischen Schule und Elternhaus verlangt Offenheit. Dafür zu arbeiten lohnt sich und freiwillig ist da vieles möglich.

An manchen Schulen haben die Lehrer feste Sprechzeiten und erwarten, dass sich die Eltern daran halten. Doch das ist für viele Eltern schwierig, wenn sie etwa berufstätig sind oder auswärts wohnen. Außerdem treten die Probleme ja oft unvorhersehbar auf.

Manche Schulen veranstalten einen etwa halbjährlichen Elternsprechtag. Bei dieser Gelegenheit können Sie reihum die verschiedenen Lehrer Ihrer Kinder besuchen. Diese Gelegenheit dient eher der Information der Eltern über den Leistungsstand und die Leistungsbereitschaft der Kinder und weniger der Bearbeitung aktueller Probleme wie Gewalt und Mobbing. Dafür braucht es einfach auch mehr Zeit, als bei einem Sprechtag für Einzelgespräche zur Verfügung steht.

Was Sie aber bei einer solchen Gelegenheit tun können, ist das Ansprechen und die Benennung der Gewaltprobleme. Schlagen Sie selbst dafür einen besonderen Gesprächstermin in allernächster Zeit vor und machen Sie diesen am besten gleich fest.

Unter den verschiedenen Gewalterscheinungen leiden nicht nur Ihr Sohn oder Ihre Tochter, sondern auch die Lehrer. Außerdem kommt dadurch oft das Lernen zu kurz. Gute Zusammenarbeit ist darum im gemeinsamen Interesse aller Beteiligten.

> **Tipp**
>
> Wenn Ihre guten Ideen bei Ihrer Schule nicht sofort auf fruchtbaren Boden fallen, sollten Sie nicht gleich aufgeben. Machen Sie auf konkrete Probleme aufmerksam. Fragen Sie den Lehrer nach seiner Idee. Fragen Sie eher beiläufig: Was halten Sie davon? Und rücken Sie mit Ihrer Idee heraus. Oft sind Lehrer wirklich dankbar für positive Vorschläge.

Gespräche mit Erfolg führen

Sie haben mit Ihren Notizen (Seite 45) eine gute sachliche Vorbereitung für das Gespräch mit dem Lehrer oder der Lehrerin zur Hand. Sie wissen durch die Befragung Ihres Kindes, um welche Art von Gewalterscheinungen, um welche Inhalte es sich dreht und wer alles daran beteiligt ist.

Ihre Gespräche mit Eltern von Klassenkameraden haben Ihre Beobachtungen höchstwahrscheinlich bestätigt. Sie können sich im Gespräch, wenn nötig, auch darauf beziehen.

Gehen Sie davon aus, dass Lehrer ihrerseits mit dem Gewaltproblem konfrontiert sind. Lehrer haben jedoch eine andere Wahrnehmung der Gewalterscheinungen in der Klasse. Andererseits ist es auch so, dass sie manches einfach gar nicht mitbekommen können. Sie haben dennoch in der Regel ein hohes Interesse daran, dem Problem wirksam zu begegnen. Was sie meist nicht wissen können, ist das, was hintenherum an Gemeinheiten gegen einzelne Kinder läuft und deren täglichen Schulbesuch belastet. Da sind Sie besser informiert. Ein guter Informationsaustausch ist deshalb für beide Seiten wichtig.

Höchstwahrscheinlich sind Sie über Einzelheiten der täglichen Gemeinheiten in der Klasse besser informiert als die Klassenlehrerin.

Es ist für Sie sicher nicht so ganz einfach, einerseits die Probleme deutlich anzusprechen, andererseits auf Schuldzuweisungen zu verzichten und dann auch noch zu erreichen, dass die zuständigen Lehrer und Lehrerinnen konstruktiv für ein Ende der Schikanen arbeiten. Ihr Ziel ist es ja in jedem Fall, die Unterstützung mindestens einer Lehrerin oder eines Lehrers für Ihr Anliegen zu gewinnen, damit Ihr Kind nicht weiterhin schikaniert wird.

Machtausgleich durch Beistand, wie im vorigen Kapitel dargestellt, kann besonders wirksam eine Lehrerin oder ein Lehrer leisten.

Vielleicht nimmt ja Ihre Lehrerin auch dankbar Hinweise auf gute Erfahrungen an anderen Schulen an, welche Sie in diesem Buch finden.

Zusammenarbeit der Eltern der Klasse

Welche Probleme auch immer in Ihrer Klasse auftreten: Es ist für Sie als Eltern wichtig, sich untereinander zu verständigen. Dazu können Sie vereinbaren, dass alle Eltern eine Adressenliste, also eine Liste aller Kinder mit den Wohnadressen und Telefonnummern, soweit vorhanden auch E-Mail-Adressen, erhalten. Das ist möglich, wenn alle Eltern einverstanden sind.
Die Schulen verwalten ihre Schülerdaten mit dem PC. Eine Adressenliste auszudrucken und zu kopieren ist daher fast keine Arbeit. Sind einzelne Eltern damit nicht einverstanden, kann auch eine Liste ohne deren Namen verwendet werden.
Wichtig ist auch, dass Eltern und Kinder genau wissen, wohin sie sich bei Gefahr wenden können. Soweit die Älteren über Handys verfügen, können darauf auch wichtige Verbindungen programmiert sein: Schulleitung, Lehrerzimmer, Sekretariat, Klassenlehrerin, Polizei (siehe dazu auch Seite 62).

Klassenpflegschaft als Handlungsebene

Die Schulgesetze haben zwar unterschiedliche, im Grundsätzlichen aber ähnliche Regelungen zur Beteiligung der Eltern am schulischen Geschehen. In vielen Ländern gibt es die Institution der Klassenpflegschaft. Das sind alle Eltern der Kinder und dazu alle Lehrer der Klasse.
Die Klassenpflegschaft oder das vergleichbare Gremium bietet sich als Besprechungsebene an, wenn in der Klasse viel gestritten wird. Besonders wenn körperliche oder seelische Gewalt die Gesundheit und Arbeitsfähigkeit einzelner Kinder gefährdet, kann eine gut vorbereitete Sitzung dieser Runde Wunder wirken. Sie sollte allerdings möglichst unter Beteiligung aller

> **Die Klassenpflegschaft ist der Ort, an dem Eltern und Lehrer gemeinsam nach dem besten Weg aus der kleinen Gewalt suchen sollten.**

unterrichtenden Lehrerinnen und Lehrer durchgeführt werden. Sonst kann das Problem manchen Lehrern der Klasse verborgen bleiben. In einem Gymnasium oder einer Realschule hat ein Klassenlehrer oft nur wenige Stunden Unterricht. Die Probleme treten aber in vielen Stunden und in den Pausen auf. Es sollten daher alle Eltern und Lehrer „an einen Tisch", um über Auswege zu beraten und möglichst auch zu beschließen.

Wichtig ist dabei, dass im gemeinsamen Gespräch der gemeinsame Wille zur Lösung der Probleme entwickelt wird. Ich erinnere mich nur zu gut an solche Versammlungen, die sich zunächst in gegenseitigen Schuldzuweisungen zu erschöpfen drohten, ehe jemand begann, Lösungsvorschläge zu machen. Geben Sie sich als Eltern auf keinen Fall damit zufrieden, dass nur über die schlimmen Zustände gejammert wird. Ermutigen Sie nötigenfalls die anwesenden Lehrer: „Gemeinsam können wir das doch schaffen."

> Begnügen Sie sich als Eltern keinesfalls damit, dass nur die schlimmen Zustände beklagt werden. Fordern Sie das Nachdenken über mögliche Lösungswege und machen Sie dazu selbst auch Vorschläge.

Wege zur Besserung

Es ist schon viel erreicht, wenn Eltern und Lehrer sich darin einig werden, sich gegenseitig zu informieren, sobald neue Probleme auftauchen. Dann ist es aber auch möglich, sich auf eine handfeste gegenseitige Unterstützung zu verständigen. In manchen Klassen haben zum Beispiel die Lehrer einen schweren täglichen Kampf um das Selbstverständlichste: Hausaufgaben machen, Arbeitsunterlagen und Bücher, Schreibzeug und Sportsachen mitbringen. In manchen Klassen kann man es als Lehrer erleben, dass es keinen Tag gibt, an dem einmal alle diese Voraussetzungen erfüllt sind. Die Unerfreulichkeiten, die sich für manche Schüler aus diesen Konflikten ergeben, sind aber wiederum eine neue Quelle der Aggression gegen Mitschüler.

In einigen mittleren Klassen der Sekundarstufe bildet sich manchmal eine regelrechte Untergrundkultur aus, unter deren Herrschaft es absolut verpönt sein kann, sich am Unterricht aktiv zu beteiligen, regelmäßig die Hausaufgaben zu machen und dergleichen mehr. Wer sich nicht daran hält, ist dann schnell ein

Streber, und wer es nicht mitmachen will, von den anderen als solcher behandelt zu werden, wird zum Petzer erklärt. Auch solche Blockaden können durch eine enge Zusammenarbeit zwischen Schule und Elternhäusern durchbrochen werden.
Dabei können sich durchaus auch Konflikte zu Hause entwickeln. Viele Halbwüchsige sind nämlich offen oder versteckt der Meinung, das ginge die Erwachsenen gar nichts an, sei Sache unter den Kameraden. Auf dieses Spiel dürfen Sie sich als Eltern, so denke ich, nicht einlassen. Aber es kann ein hartes Stück Arbeit von längerer Dauer für Sie werden, solche Fehlentwicklungen zusammen mit den Lehrern und Ihren Kindern umzudrehen und zu einer normalen, erfolgreichen Schularbeit zu gelangen

Raus aus dem Trott

Bewährt hat sich in solchen Situationen auch das Verlassen der ausgetretenen Pfade des herkömmlichen Unterrichts. Arbeit in Projekten heißt das Zauberwort. So gelingt es besser, das Interesse der Kinder in der Klasse beispielsweise durch spezielle Unterrichtsprojekte neu zu beleben. Ganze Schulen oder auch die Lehrer einer Klasse können vorübergehend oder für längere Zeit einmal den Lehrplan beiseite lassen.
Es ist auch möglich, die Arbeit einmal nach außerhalb der Schule zu verlagern oder Fachleute von außen einzubeziehen.

Eltern und Lehrer können zusammen Fehlentwicklungen umsteuern. Den gemeinsamen Willen dazu können Sie fördern.

> **Tipp**
>
> Besondere Veranstaltungen wie Projekte, Feste und gesellige Nachmittage schaffen Gelegenheiten, dass sich Kinder untereinander, aber auch Eltern besser kennen lernen. Das schafft eine gute Grundlage, mit Streitigkeiten danach anders umzugehen.

Auch gemeinsame Veranstaltungen jenseits oder anstatt des Unterrichts haben sich vielfach bewährt. So zum Beispiel Klassenfeste oder Wandertage, Spielnachmittage, Akrobatik- und Zauber-AG, gemeinsames Singen und Musizieren mit den oder ohne die Eltern und vieles mehr ist da denkbar. Was den zwischenmenschlichen Umgang der Kinder untereinander ohne Aggressionen fördert, was für besseres Kennenlernen sorgt, beugt der kleinen Gewalt vor. Es baut Fremdheit ab und schafft über gemeinsames Erleben mehr Vertrautheit. Viel zu wenig werden für diesen Prozess der Annäherung noch immer vermehrte Elternkontakte genutzt. Wenn die Eltern der Kinder sich in zwanglosem Rahmen möglichst mit diesen zusammen begegnen und miteinander umgehen, dann baut auch das erweitertes Vertrauen auf. Vertrauen aber hilft, künftig Missverständnisse zu vermindern.

Fördern und fordern Sie solche Ansätze Ihrer Schule etwa am Elternabend (Klassenpflegschaft). Wo das noch nicht auf die nötige Gegenliebe stößt, da nehmen Sie vielleicht einfach einmal als Eltern einer Klasse selbst das Heft in die Hand. Das kann ja außerhalb der Unterrichtszeit sein. Etwa eine kleine Wanderung am schulfreien Samstag mit Grillparty, die einige Eltern am Zielpunkt vorbereiten und zu der die Lehrer eingeladen werden. Aber es sollte als Schulveranstaltung laufen, also mit Zustimmung der Schulleitung. Das hat einen einfachen Grund: Schulveranstaltungen unterliegen dem bundeseinheitlichen Schülerunfallversicherungsschutz. Da gerade bei besonderen Veranstaltungen immer wieder auch etwas passieren kann, bei dem das eine oder andere Kind zu Schaden kommt, sollten Sie das rechtzeitig klären. Der Schulleiter kann dies als Schulveranstaltung genehmigen und Sie können sie als Eltern leiten.

> **Achten Sie darauf, dass der Schülerunfallversicherungsschutz gewährleistet ist. Das ist mit der Genehmigung durch den Schulleiter gegeben.**

Eltern handeln auf Schulebene

Der Elternbeirat der Schule ist die Versammlung aller gewählten Klassenelternvertreter. Nur in Bayern ist nicht jede Klasse im Elternbeirat vertreten. Die Kompetenzen sind überall ähnlich. Hier können Sie als Vertreterin Ihrer Klasse Ihre Anregungen und Anträge loswerden. Zwar ist die Klassenebene für das unmittelbare Wohlbefinden der Kinder und die Vorbeugung gegen Gewalt jeglicher Art entscheidend. Für eine nachhaltige Entwicklung der pädagogischen Arbeit an Ihrer Schule noch wichtiger ist aber die Schulebene. Hier können verbindliche Standards gesetzt werden, an die dann alle Lehrer, Eltern und Schüler der Schule gebunden sind. Näheres dazu finden Sie auf Seite 84. Wenn etwa ein ethischer Rahmen gesetzt wird wie mit den zehn Regeln der „Erklärung für ein menschliches Miteinander – gegen Gewalt und Mobbing", dann haben anschließend alle Eltern einen Maßstab, auf den sie sich im Zweifelsfall berufen können. Alle neu aufgenommenen Klassen unterliegen diesem künftig. Auch die Ausbildung von Schülerstreitschlichtern ist ein Projekt für die Schulebene. Außerdem ist es wichtig, dass das Thema „Gewalt an unserer Schule" immer wieder auf die Tagesordnung der schulischen Gremien kommt. Dafür können die Mitglieder des Elternbeirates sorgen.

> **Es ist wichtig, dass auf der Schulebene verbindliche Regeln festgelegt werden. Sie binden alle Beteiligten.**

Schulkonferenz als zentrales Gremium
In zwölf der 16 deutschen Bundesländer ist die Schulkonferenz das gemeinsame Gremium von Lehrern, Eltern und Schülern auf

> **Wenn Gewalt in einer Schule den Alltag begleitet, gehört das Thema auf die Tagesordnung jeder Konferenz, bis durchschlagende Erfolge erzielt sind!**

> **Tipp**
>
> Die einzelne Schule entwickelt sich nur dadurch, dass die dort tätigen Menschen lernen und ihre Handlungsmöglichkeiten weiterentwickeln. Sie als Eltern haben dabei eine wichtige Funktion. Sie können von außen Anregungen geben und richtungsweisende Fragen stellen. Viele Eltern haben aus ihrer beruflichen Tätigkeit heraus Möglichkeiten, Erfahrungen in die Schule zu bringen. Erfahrungen aus anderen Lebensbereichen – sogar das Lernen betreffend – können die Schule nur befruchten und vor Erstarrung bewahren helfen.

Schulebene. In den übrigen Ländern gibt es für das gleiche Anliegen eine andere Form. Die Rechte sind sehr unterschiedlich ausgeformt und reichen von der vollen Mitbestimmung wie in Schleswig-Holstein, Hamburg, Bremen und anderen bis hin zum unverbindlichen Anhörungsrecht des Schulforums in Bayern. Aber überall gilt: Was die Eltern erreichen können, entscheidet sich oft weniger an den gesetzlichen Bestimmungen als an den örtlichen Verhältnissen. Denn seit der Veröffentlichung der ersten PISA-Ergebnisse im Dezember 2001 tönt quer durch die Republik der Ruf nach mehr Selbstständigkeit der einzelnen Schule. Der gute Wille, wo er bei Schulleitung und Kollegium vorhanden ist, ermöglicht heute schon viel mehr, als die dürren Paragrafen der Schulgesetze erträumen lassen. Es herrscht gerade in den Schulverwaltungen zumeist große Offenheit für neue Ideen und Wege der einzelnen Schulen.

Mancherorts glänzen diese Gremien jedoch leider nur auf dem Papier und nicht durch ihre mutigen Initiativen. An Ihrer Schule könnte sich das alsbald ändern, wenn Sie und einige Gleichgesinnte die Initiative ergreifen. Zögern Sie nicht, machen Sie sich kundig und bringen Sie die Probleme zur Sprache, die es nach Ihrer Beobachtung gibt. Falls es bei Ihnen hier bereits eine gewisse Kultur der gemeinsamen Arbeit gegen die Gewalt gibt, umso besser!

Nutzen Sie die Möglichkeiten, welche die Schulgesetze für die Zusammenarbeit zwischen Eltern, Lehrern und Schülern bieten! Vor allem die Handlungsmöglichkeiten der Schulkonferenz sind viel größer als das, was bisher im Allgemeinen daraus gemacht wird. Informieren Sie sich.

Schulische Ordnungsinstrumente

Für den Fall, dass all Ihre Bemühungen um eine Lösung der Probleme Ihres Kindes scheitern sollten, sehen die Schulgesetze vor, dass die Eltern auch die Versetzung in eine andere Klasse der gleichen Schule beantragen können. Sie können meist ohne Probleme auch die Schule für Ihr Kind wechseln. Bei Schularten mit einem gesetzlich vorgeschriebenen Schulbezirk ist dafür unter Umständen die Genehmigung durch den Schulträger oder durch die Schulbehörde erforderlich.

> **Diejenigen Schulen sind gut beraten, die mit den schulischen Machtmitteln sparsam umgehen.**

Schulische Machtmittel

Die Schule ihrerseits hat gesetzliche Möglichkeiten, um einen geregelten Betrieb notfalls zu erzwingen. Was genau in Ihrem Land dazu gilt, kann hier nicht näher ausgeführt werden. Es geht dabei um Nachsitzen, um schriftliche Verweise, aber auch um zeitweiligen oder völligen Ausschluss vom Unterricht beziehungsweise aus der Schule. Hinweise, wie Sie an die entsprechenden Informationen für Ihr Land kommen, finden Sie auf Seite 94. Sie können solche Informationen des Elternbeirates durch Ihren Schulleiter beantragen.

Manche schulischen Ordnungsmaßnahmen unterliegen den Kontrollmöglichkeiten des Rechtsstaates. Gegen einen zeitweiligen oder endgültigen Schulausschluss Ihres Kindes ist die Beschwerde bei der zuständigen Schulbehörde möglich. Falls diese Beschwerde abgewiesen wird, können Sie das zuständige Verwaltungsgericht anrufen. Jede Schule ist gut beraten, diese schärfsten schulischen Machtmittel sehr sparsam anzuwenden. Dies sollte nur dann geschehen, wenn wirklich alle Möglichkeiten zur Hinführung eines jungen Menschen zum Pfad der guten Führung erfolglos

> **Tipp**
> Sie können die Versetzung Ihres Kindes in eine andere Klasse oder gar Schule verlangen, wenn es in einer Klasse trotz aller Bemühungen um Besserung immer wieder schikaniert wird.

> **Tipp**
> Arbeiten Sie stets daran mit, einen Konflikt zu entschärfen. Das ist kein Widerspruch zur Forderung nach Beistand für Ihr Kind. Sie können vielmehr gemeinsam mit Ihrem Kind einiges erreichen, wenn Sie aktiv an der Lösung der Probleme mitarbeiten.

ausgeschöpft worden sind. Leider gibt es da auch immer wieder regelrechte „Schnellschüsse", ist man in der einen oder anderen Schule viel zu schnell geneigt, einem Jungen vorschnell den weiteren Schulbesuch zu versagen, wenn er einen dummen Streich gemacht hat.

An meiner Realschule ist in 25 Jahren keine Schülerin und kein Schüler wirklich endgültig aus der Schule ausgeschlossen worden. Dafür wurde hausintern eine Maßnahme erfunden, die es bisher in keinem der Schulgesetze gibt, nämlich den endgültigen Ausschluss „auf Bewährung". Das zuständige Gremium hat in einem solchen Fall zwar beschlossen, einen Schüler aus der Schule auszuschließen, hat aber gleichzeitig den Vollzug ausgesetzt. Das hat bedeutet, es bekam jeder eine wirklich letzte Chance. Hat er sich danach nichts weiter zu Schulden kommen lassen, konnte er das nächste Schuljahr wieder unbelastet neu beginnen. Wir hatten nämlich gleichzeitig hausintern festgelegt, dass der Ausschlussbeschluss bei Bewährung zum Schuljahresende seine Gültigkeit verliert. Dieses Mittel kann man allen Schulen nur wärmstens empfehlen. Es funktioniert in aller Regel zu einhundert Prozent.

Der Trick mit der „allerletzten Chance" kann einen schweren Konflikt doch noch zur allseitigen Zufriedenheit lösen.

Hintergrund dafür ist die Überlegung, dass das Entscheidende im Entwicklungsprozess die Gelegenheit zum Lernen ist. Schule darf nie ihren Auftrag zur Erziehung und Bildung vergessen und spräche der äußere Anschein auch noch so sehr dagegen. Das Prinzip der „letzten Chance" ist ein scharfes Mittel zur Güte, das auch Gelegenheit schafft, verlorenes Vertrauen auf allen Seiten neu wachsen zu lassen. Falls man an Ihrer Schule mit solchen Strafen zu flott zu Hand ist, stellt dies eine Möglichkeit dar.

Sie können als Mitglied des Elternbeirates oder Ihrer Schulkonferenz, aber auch einfach beim Klassenelternabend diesen Vorschlag zur Sprache bringen. Der Elternbeirat kann einen entsprechenden Antrag an die Schulkonferenz richten.

Eine Kultur des Miteinander

Natürlich muss die Schule ihre Machtmittel einsetzen, um einen geregelten Betrieb und gute Leistungen zu erreichen. Aber sie muss sich einen vernünftigen Rahmen schaffen, in den jeder Schüler, jede Schülerin – bis zum wirklichen Gehtnichtmehr – eingebunden bleibt. Jede Schule braucht so etwas wie eine Kultur des Miteinander, die jeden einschließt, gerade den, der es nicht so ganz leicht hat mit sich selbst, ganz besonders aber den, der zu straucheln droht.
Da gilt es Ihnen, den Eltern, den Rücken zu stärken, um Sie zu einem starken Beistand für Ihre Kinder zu ermutigen vom ersten bis zum letzten Schultag. Denn das ist die wichtigste Erkenntnis für den Anfang: Lassen wir unsere Kinder nicht allein, nicht als Eltern und nicht als Lehrer!

◀ Jede Schule kann handeln, um das menschliche Miteinander im eigenen Haus zu fördern und damit der Gewalt nachhaltig den Boden zu entziehen.

Schule ohne Mobbing und Gewalt

Seit der Veröffentlichung der so genannten PISA-Studie und erst recht seit dem schrecklichen Amoklauf in Erfurt ist eine heftige Diskussion in der Politik und der pädagogischen Fachwelt entbrannt. Dabei wird immer wieder auf bereits funktionierende „gute Schulen" hingewiesen. Ein gemeinsames Kernstück jeder guten Schulentwicklung ist die gute Zusammenarbeit mit den Eltern der Schüler wie mit den zuständigen Gemeinden, Städten und Kreisen. So wichtig Kultusministerien, Universitäten und Hochschulen sowie die Schulämter auch sein mögen: Die entscheidenden Stellen, an denen eine echte Entwicklung zu leistungsfähigen und gewaltfreien Schulen geschieht, sind die Schulen selbst. Hier passiert entweder Wachstum und Entwicklung oder Stillstand. Natürlich ist es wichtig, dass die Rahmenbedingungen durch Länder und Gemeinden verbessert werden; denn daran hapert es derzeit an allen Ecken und Enden. Doch Schulen haben schon heute einen großen Handlungsspielraum, der sich in den kommenden Jahren voraussichtlich noch erweitern wird. Das ist Freude und Last zugleich. Es wird umso mehr Grund zur Freude geben, je rascher das Kollegium Ihrer Schule diese Handlungsmöglichkeiten erkennt und nutzt. Auch für die Eltern. Sie können daher aus eigener Kraft und zusammen mit den Eltern Ihrer Klasse und Ihrer Schule viel dazu beitragen. Warten Sie nicht auf die Besserung von außen, nutzen Sie die Handlungsmöglichkeiten, die es jetzt schon gibt.

Gemeinsam können Eltern viel erreichen!

Die Ebenen, auf denen Eltern gemeinsam wirken können, sind einerseits die Klassen-, andererseits die Schulebene. Dort geht es um
- die richtige Philosophie von der guten Schule der Zukunft,
- die feste Entschlossenheit, etwas zur guten Entwicklung selbst beizutragen,
- die Suche nach bereits erprobten Wegen aber auch neuen Möglichkeiten,
- die geduldige Arbeit an der täglichen Verwirklichung der Ziele.

Die richtige „Philosophie"

„Ideale sind wie Sterne. Wir können sie nie erreichen, bestimmen aber wie die Seeleute mit ihrer Hilfe unseren Kurs", sagte einst Carl Schurz, entschlossener Kämpfer für die Demokratie im Amerika des 19. Jahrhunderts. Es ist gut, große Ziele zu haben. Die eigene Schule von Mobbing und Gewalt zu befreien, kann ein solches Ziel sein. Große Ziele beflügeln den Willen und die Kräfte. Wir arbeiten auf sie hin, ohne uns durch kleine Rückschläge im Alltag entmutigen zu lassen.

Entscheidend ist, dass in der einzelnen Schule Menschen arbeiten, die das Problem erst einmal erkennen und annehmen müssen. Es gibt bereits bewährte Lösungswege. Vielleicht finden Sie gemeinsam einen neuen Weg. Dies wird in jedem Fall der ganz besondere Weg „Ihrer" Schule sein. Je weiter Sie gehen, desto mehr werden Sie aus guten Erfahrungen lernen.

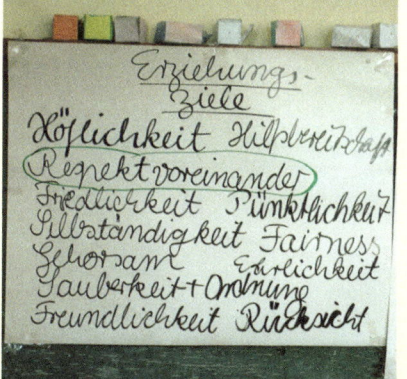

- **Schulen können heute ihren Handlungsspielraum nutzen, um völlig selbstständig Maßnahmen zur Verminderung der Gewalt einzuführen. Sie nehmen so ihre Verantwortung für die Sicherheit und Gesundheit ihrer Schüler wahr. Gemeinsam mit Ihnen, den Eltern.**

Die Überwindung der Einstellungen, die Mobbing fördern, ist ein längerer Lernprozess für die ganze Schule und die einzelnen Menschen.

Mobbing und Gewalt sind Schlüsselprobleme der Schule von heute. Kommen wir der Lösung des Problems Schritt für Schritt näher, fördern wir damit die Freude am Lernen bei unseren Kindern. Indem sie mit mehr Mut zur Schule gehen, wachsen ihr Selbstvertrauen und vor allem auch ihre Lernerfolge.

Bereits erprobte Möglichkeiten

Es gibt inzwischen gute Vorbilder dafür in den Schulen. Auch wenn das noch kein Allgemeingut ist, sind doch bereits viele Schulen unterwegs in Richtung gewaltfreie Schule. Sie stehen dafür, dass an der entscheidenden Stelle, nämlich in jeder einzelnen Schule vor Ort, effektiv für Vorbeugung und Überwindung von Mobbing und Gewalt gearbeitet wird. Hier müssen knapp gefasste Beispiele mit Hinweisen auf ihre Einsatzmöglichkeiten genügen. Im Serviceteil finden Sie dazu Informationsquellen, die Sie für die weitere Arbeit an Ihren Lösungsansätzen nutzen können.

Faires Miteinander

Mobbing und Gewalt bedeuten feindseliges, unethisches Verhalten. Den Angreifern sind Grenzen zu setzen. Regeln helfen, den friedlichen Umgang miteinander zu entwickeln. Die „Erklärung für ein faires Miteinander: gegen Mobbing und Gewalt" ist erfreulicherweise inzwischen in zahlreichen Schulen mit Erfolg eingeführt. Außerdem wurde sie in einige Lernmittel zur ethischen Erziehung und sonstige Publikationen aufgenommen. Es

> **Tipp**
>
> Im Internet finden Sie unter Stichworten wie Gewalt, Mobbing, Schule eine Menge von guten Nachrichten zum Thema. Handeln muss die Schule, handeln müssen Lehrer und Schulleiter. Dass diese aber den Blick auf die vielen guten Möglichkeiten richten und den Willen entwickeln, diese auch ergreifen zum Wohl Ihres und der anderen Kinder, das können Sie mit Fingerspitzengefühl und nachhaltig sanftem Druck entscheidend fördern.

gibt weiterführende Schulen, welche den Eltern bei der Anmeldung ihrer Kinder diese Regeln aushändigen und ihr ausdrückliches Einverständnis damit für die Schulakten unterzeichnen lassen. Sie werden mit den Eltern noch einmal beim ersten Klassenelternabend besprochen. Dies ist also eine bereits bewährte klare Zielformulierung: Wir sind gegen Mobbing und Gewalt, von wem auch immer so etwas ausgeht!

Diese Erklärung verhindert nicht, dass künftig immer wieder einmal neue Gewalt entsteht. Ihre Existenz ist jedoch so etwas wie ein Maßstab, an dem Verhalten gemessen werden kann. Jedermann, auch Sie als Vater oder Mutter können sich darauf berufen und ohne große Diskussionen ihre Einhaltung verlangen. Sie sichert insofern Fairness im Umgang und Achtung der Würde jedes Einzelnen. Sie wirkt, besser als eine Messlatte es könnte, einem Sauerteig gleich im Stillen als Mittel für mehr Menschlichkeit an Ihrer Schule. Machtanmaßung und Überheblichkeit machen unter ihrem Einfluss ganz allmählich einem guten Miteinander Platz. Allerdings geschieht das nicht automatisch, sondern dadurch, dass Menschen wie Sie diese wichtigen Regeln verinnerlicht haben und im Alltagsgeschehen darauf achten, dass sie eben nicht nur auf dem Papier stehen. Die folgenden Beispiele bereits bewährter Wege gegen Mobbing und Gewalt sollen zu eingehender Auseinandersetzung anregen. Die kurzen Infos wollen Ihnen helfen, die Diskussion darüber in Ihrer Schule anzustoßen.

Jede einzelne Schule kann für sich Regeln gegen Mobbing und Gewalt beschließen. Alle Schüler, Lehrer und Eltern sind dann verpflichtet, diese zu achten.

Peaceful School

„Friedliche Schule" heißt ein Schulprogramm gegen Gewalt, das in Kanada entwickelt worden ist. Inzwischen gibt es ein kleines weltweites Netzwerk, bei dem Schulen in mehreren Ländern mitmachen. „The Road to a Peaceful School" – der Weg zu einer friedvollen Schule umfasst sechs Bausteine. Diese werden an der einzelnen Schule einem Lernprogramm gleich nacheinander angegangen. Sind alle Bausteine erfolgreich eingeführt, wird eine sol-

**Erklärung für ein faires Miteinander:
gegen Mobbing und Gewalt**

1. Wir achten in Wort und Tat die Würde unserer Mitmenschen.

2. Wir leisten jedem Mitmenschen, der darum bittet, Beistand gegen Schikanen und stellen uns demonstrativ an seine Seite, auch wenn wir nicht in allem seine Meinung teilen. Wir lassen Angefeindete nicht allein.

3. Wir wollen den Anfängen von Psychoterror in unserer Schule wehren, von wem er auch ausgeht.

4. Wir wollen uns in Toleranz und Zivilcourage üben.

5. Wir begegnen fremden Fehlern ebenso nachsichtig wie unseren eigenen.

6. Wir erklären ausdrücklich, dass wir uns an die Gesetze und die sonstigen Bestimmungen zum Schutz von Schwachen halten, und verpflichten uns, auf deren Einhaltung in unserer Schule zu bestehen.

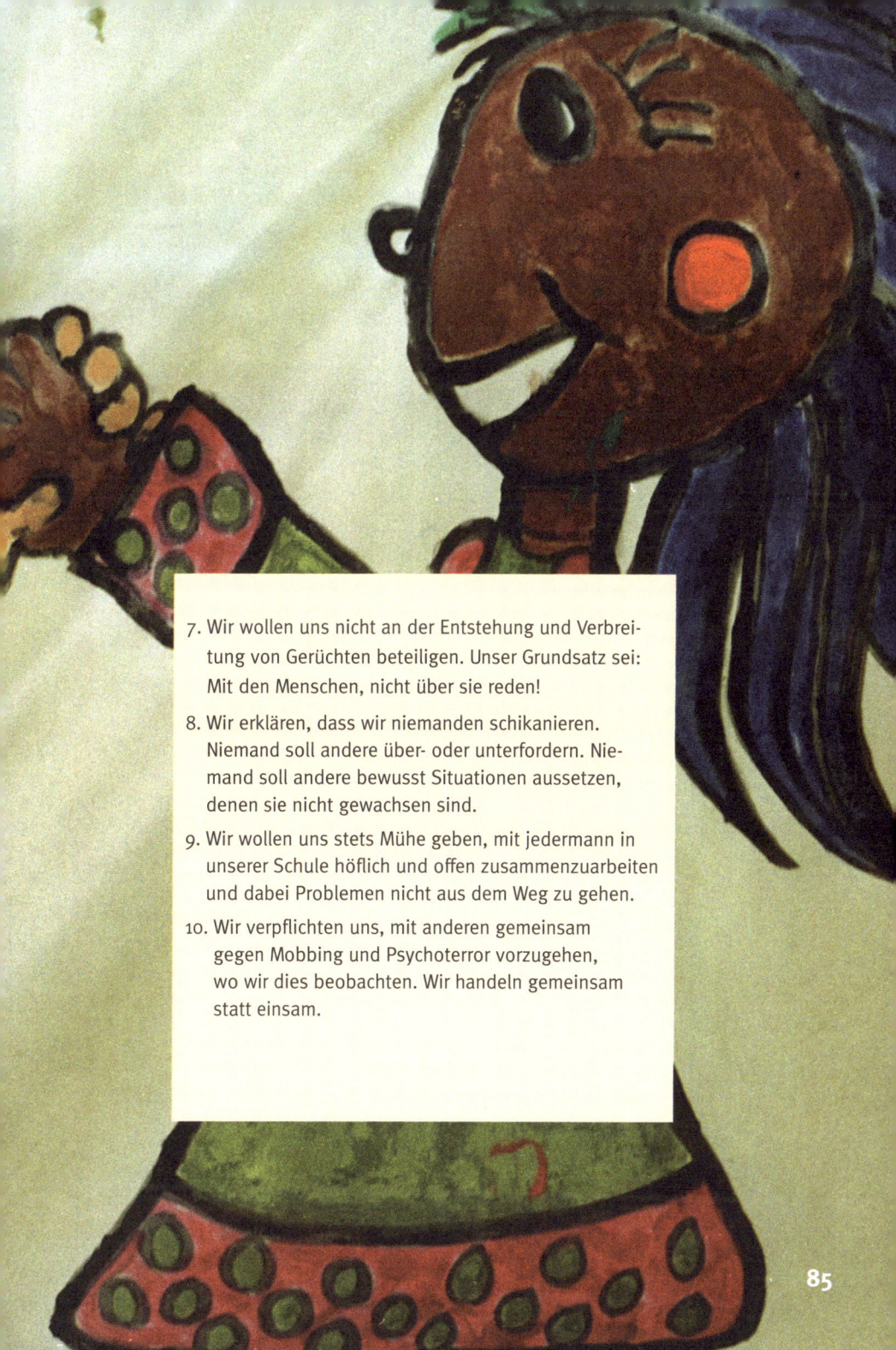

7. Wir wollen uns nicht an der Entstehung und Verbreitung von Gerüchten beteiligen. Unser Grundsatz sei: Mit den Menschen, nicht über sie reden!

8. Wir erklären, dass wir niemanden schikanieren. Niemand soll andere über- oder unterfordern. Niemand soll andere bewusst Situationen aussetzen, denen sie nicht gewachsen sind.

9. Wir wollen uns stets Mühe geben, mit jedermann in unserer Schule höflich und offen zusammenzuarbeiten und dabei Problemen nicht aus dem Weg zu gehen.

10. Wir verpflichten uns, mit anderen gemeinsam gegen Mobbing und Psychoterror vorzugehen, wo wir dies beobachten. Wir handeln gemeinsam statt einsam.

che Schule als Mitglied im internationalen Schulnetz anerkannt. Sie darf dann die Fahne einer Peaceful School von ihrem Dach wehen lassen. Das umfassende Peaceful-School-Programm enthält Elemente, welche in Deutschland bisher als Einzelprojekte gepflegt werden. Der Zusammenhang erscheint jedoch sehr wichtig. Einzelne Elemente können eben nur eine begrenzte Wirksamkeit entfalten. Wenn sie aber zusammenwirken, können sie sich gegenseitig ergänzen und verstärken so ihre Wirkung.

Faustlos

Faustlos heißt ein Teil dieses Programms, das aus den USA stammt und das inzwischen in mehreren Ländern seine Anhänger hat. Für die baden-württembergischen Schulen wurde es von der Heidelberger Universität drei Jahre lang an 27 Grundschulen getestet. Es soll im Laufe der Zeit flächendeckend in allen Grundschulen des Landes eingeführt werden. In Bayern erlebt Faustlos rasche Fortschritte und zwar über die Förderung durch die finanzstarke Stiftung „Bündnis für Kinder gegen Gewalt". In Norwegen machen 60 Prozent aller Schulen bei diesem Programm mit. Es ist ein ausge-

---

Die sechs Bausteine des Peaceful-School-Programms

Disziplin mit Würde: Gemeinsam mit dem Lehrer werden Regeln entwickelt, die später von den Kindern aus innerer Überzeugung heraus eingehalten werden sollen.

Lebensführung: Die Kinder lernen eigenverantwortliches Handeln und den respektvollen Umgang miteinander.

Selbstwertgefühl aufbauen: Jeder erforscht seine eigene Persönlichkeit und lernt Toleranz gegenüber Mitschülern.

Mitschülermediation: Schüler und Lehrer werden dafür ausgebildet, bei Konflikten als Schlichter zu agieren.

Faustlos: Hier wird die Empathiefähigkeit, also die Fähigkeit zum Mitfühlen, geschult sowie der Umgang mit der eigenen Wut.

Anti-Angriff: Die Kinder werden mit Strategien vertraut gemacht, die dabei helfen, sich gegen Schikanen zu wehren.

sprochenes Präventionsprogramm, soll also dem Entstehen offener Gewalt durch die Einübung friedlicher Verhaltensweisen nachhaltig vorbeugen.

Streitschlichter, Konfliktlotsen, Peacemaker, Schulmediatoren

Vier Begriffe für vier ähnliche Wege: Schüler lernen unter Anleitung und Begleitung durch sachkundige Lehrer, in ihrer eigenen Altersgruppe und bei jüngeren Schülern Konflikte zu schlichten. Der Grundgedanke: Entwicklung von Handlungsmöglichkeiten, die helfen, Konflikte zu entschärfen und die Konfliktbeteiligten zu einem friedlichen und respektvollen Umgang zu befähigen. An vielen Schulen gibt es sie inzwischen, die Schülermediatoren oder Streitschlichter, die man andernorts, etwa in Berlin, auch Konfliktlotsen nennt. Lehrer und Schüler werden dazu ausgebildet. Auch dieses Programm hat seinen Ursprung in Amerika. Mediatoren werden ja inzwischen in verschiedenen Lebensbereichen eingesetzt, zur Entlastung der Gerichte, aber auch bei Konflikten um große Bauvorhaben und im Umweltschutz. In der internationalen Diplomatie haben die Regeln und Erkenntnisse der Schlichtungsexperten ihre Erfolge bereits bewiesen. Für die Diplomatie waren sie ursprünglich an der berühmten Harvard Universität in den USA entwickelt worden.

Hier handelt es sich also um ein Eingreifverfahren, mit dem bestehende Konflikte gelöst werden sollen und – wie sich zeigt – auch gelöst werden können. Der Grundgedanke speziell bei der Schülermediation besteht darin, dass die Schüler mit Hilfe der Mediatoren lernen sollen, ihre Konflikte selbst zu lösen und zu einem friedlichen Miteinander zu finden. Nicht umsonst ist dies auch eines der sechs Elemente des Peaceful-Programms.

Allerdings hat dieses Programm seine Grenzen bei Mobbing. Da und dort ist es schon zum Problem geworden, dass Schulen von der Tätigkeit ihrer jugendlichen Friedensstifter auch Hilfe in eingefahrenen Mobbingprozessen erwarten. Das ist unmöglich. Hier sind die Erwachsenen gefragt.

> **Faustlos lernen Schüler, ihre Meinungsverschiedenheiten auszutragen. Körperliche Gewalt ist hier out.**

> **Neutrale Dritte sind die Schlichter. Sie unterstützen Gegner darin, ihren Konflikt friedlich auszutragen und zu beenden.**

Pax an

Pax an nennt sich recht griffig die Berliner Arbeitsgruppe, welche die Ausbildung und Betreuung der Konfliktlotsen im Berliner Schulwesen betreibt. Zum Jahresanfang 2003 gibt es an 170 Schulen, das sind immerhin rund 20 Prozent aller Berliner Schulen, bereits schulische Arbeitsgemeinschaften, in denen Schülerinnen und Schüler das Mediations- oder Schlichtungsverfahren erlernt haben oder gerade erlernen. Mediation ist die Kunst, ein Streitgespräch unparteiisch und allparteilich zu moderieren. Im Idealfall finden die Konfliktparteien selbstbestimmte Lösungen für ihren Streit und treffen Vereinbarungen, bei denen es keine Verlierer gibt.

No Blame Approach (NBA)

Ein Ansatz, der Hilfe bei ausgeprägtem Mobbing im Einzelfall leisten kann, kommt aus England. Hier wird ganz auf Schuldzuweisung verzichtet und stattdessen die Eigeninitiative und Fähigkeit zur Selbsthilfe unter Einbeziehung der Täter und unbeteiligter Schüler gesetzt. No Blame Approach – keine Schuldzuweisung: Hier ist der Name gleichzeitig Programm. Das Programm ist für eingewiesene Lehrer gut zu handhaben, es umfasst drei Schritte. Der Vorteil dieses Ansatzes liegt auf der Hand: Jeder Lehrer kann damit arbeiten. Die guten Kräfte in der Klasse werden aktiviert. Die Mobber müssen nicht an den Pranger gestellt werden, um auch ihnen zu ermöglichen, an guten Lösungen konstruktiv mitzuwirken.

> **Jede Lehrerin, jeder Lehrer kann den No Blame Approach anwenden. Die Methode funktioniert auch schon bei den ganz Kleinen in der Grundschule.**

Die Arbeit wird an der Stelle konzentriert, an der das Problem ist: in der Klasse. Schon in der ersten Klasse der Grundschule kann damit gearbeitet werden.

In aller Regel sind mit dieser Methode rasch Fortschritte zu erzielen. Falls es erforderlich ist, werden so lange immer wieder Gespräche mit der Helfergruppe und eine Woche später wieder mit jedem Einzelnen geführt, bis eine dauerhafte Veränderung zum Guten erreicht ist. Hier wird ohne großen Aufwand soziales Lernen in seiner besten Form ermöglicht. Lehrerinnen und Lehrer berichten von durchweg erstaunlich guten Erfolgen.

Die drei Schritte beim No Blame Approach

Schritt 1: Gespräch mit dem Opfer

Wenn die Lehrerin herausfindet, dass ein Kind schikaniert wird, holt sie das Einverständnis der Eltern ein und spricht mit dem Kind über seine Gefühle. Sie fragt nicht nach den Vorfällen, aber sie muss herausfinden, wer mitgemacht hat.

Schritt 2: Treffen mit der Unterstützergruppe (ohne Opfer) organisieren

Die Lehrerin lädt die Schüler zu einem Treffen ein. Zur Gruppe gehören Täter und Täterinnen, Mitläufer sowie Kinder, die nichts mit den Mobbing-Handlungen zu tun hatten, aber eine konstruktive, aufbauende Rolle bei der Lösung spielen können. Zusammen bilden diese Kinder eine Unterstützergruppe. Optimal ist eine Gruppe von sechs bis acht Kindern.

Problem erklären: Die Lehrerin erzählt der Gruppe, wie sich das schikanierte Kind fühlt. Sie bespricht nie Details der Vorgänge.

Keine Schuldzuweisung: Die Lehrerin weist keine Schuld zu, aber sie verdeutlicht, dass die Gruppe Verantwortung für ihr Handeln trägt und etwas verändern kann.

Nach Ideen fragen: Jedes Mitglied der Gruppe wird ermuntert, Vorschläge zu machen. Das Opfer soll sich besser fühlen. Die Lehrerin verstärkt die Antworten positiv, insistiert aber nicht und versucht nicht, den Kindern ein Versprechen für ein verbessertes Verhalten abzuringen.

Verantwortung übergeben: Die Lehrerin schließt das Treffen ab, indem sie die Verantwortung für die Problemlösung an die Gruppe übergibt. Sie vereinbart ein nächstes Treffen, um den weiteren Verlauf zu verfolgen.

Schritt 3: Nachgespräch mit allen Beteiligten

Ungefähr eine Woche später spricht die Lehrerin mit jedem Schüler einzeln – einschließlich dem Opfer –, wie sich die Dinge entwickelt haben.

Schüler-Befragung zum Mobbing

Zu Beginn der Arbeit gegen Mobbing und Gewalt besteht zumeist wenig Kenntnis der wirklichen Gesamtsituation in der einzelnen Klasse wie an der ganzen Schule. Einen soliden Einblick in das wirkliche Geschehen ermöglicht der für die Mobbing-Diagnose in der Klasse wie für den Einzelfall entwickelte Smob-Fragebogen (Smob = Schülermobbing), der im Buchhandel zu beziehen ist. Diese Befragung kann durch jeden Lehrer durchgeführt und ausgewertet werden. Ausgehend von den Ergebnissen der Befragung kann dann konstruktiv weitergearbeitet werden mit der Erarbeitung von Regeln, mit gezielten pädagogischen Projekten in den verschiedenen Unterrichtsfächern und Maßnahmen im Einzelfall.

Der Smob-Fragebogen hilft, die Sachverhalte zu klären. Damit unterstützt er auch die Entwicklung wirksamer Gegenmaßnahmen und die Vorbeugung vor neuer Gewalt.

Schulprogramm gegen Mobbing und Gewalt

Die Bundesländer haben all ihren Schulen in den letzten Jahren die Pflicht zur Erarbeitung eines Schulprogramms auferlegt. Ganz im Vordergrund dürfte dabei das Thema Gewalt und Mobbing stehen. Es wäre jedenfalls wichtig, dass an der einzelnen Schule dies als ein Schlüsselproblem angenommen wird. Um nichts anderes als ein solches Schulprogramm handelt es sich übrigens bei der Arbeit der Peaceful Schools. Sie können ihm an Ihrer Schule folgen. Das Programm zeigt, dass es bei der Arbeit gegen die Gewalt nicht nur um die Bearbeitung aktueller Einzelfälle gehen kann. Die sechs Bausteine entfalten ihre Wirkung durch das lebendige Zusammenwirken und Ineinandergreifen der verschiedenen Ansätze, die allesamt dem Entstehen neuer Gewalt vorbeugen.

Deutsche Schulen beschränken sich noch immer größtenteils auf Projekte, die einzelnen Gesichtspunkten folgen, bilden etwa Schülerstreitschlichter aus in der Erwartung, damit genug für die Arbeit gegen Gewalt zu tun. Andere arbeiten für die Stärkung des Selbstvertrauens. Es sind aber Arbeiten zur Vorbeugung wie zur Abwehr der Gewalt gleichzeitig nötig. Erst durch die Einführung verschie-

dener Elemente wird es möglich, wirklich dauerhafte Verbesserungen zu erreichen. Ihr Zusammenspiel bringt die Schule voran.
Diese Entwicklung muss jedes einzelne Kind erreichen. Sie sollte möglichst alle Lehrer einer Schule für die Gewaltvorbeugung in die Pflicht nehmen; denn ein solch wichtiges Anliegen kann nicht einzelnen „Fachleuten" in einem Kollegium übertragen werden, während alle anderen weitermachen wie bisher. Die Arbeit gegen Gewalt ist wie die Arbeit für das gute Lernen nicht an einzelne Fachleute zu delegieren. Jeder Lehrer muss sich in diesen Bereichen weiterentwickeln, um diesen hohen Ansprüchen zu genügen.

Wehret den Anfängen und wappnet euch mit Geduld!

Damit es nicht beim papierenen Programm bleibt, sind Menschen nötig, die solche Möglichkeiten nutzen und verantwortlich handeln. Der vielleicht wichtigste Grundsatz für das praktische Handeln gegen Gewalt ist altbekannt und lautet: „Wehret den Anfängen!"
Ob es um Wandschmierereien oder Gemeinheiten gegen andere, um Formen der Lernverweigerung, um Schwänzen oder was auch immer geht: Frühes, entschlossenes Handeln vermindert Schäden und Spätfolgen. Laisser-faire verschlimmert sie. Es genügt also nicht, ein Programm zu beschließen. Es muss vielmehr mit Leben erfüllt werden. Es muss regelrecht eingepflanzt werden und es braucht anhaltende Hege und Pflege. Sie können als Eltern eine Menge dafür tun. Gemeinsam mit den Lehrern und Ihrem Kind. Und es gehört ein zweiter altbekannter Grundsatz dazu: „Gut Ding will Weile haben." Es braucht eine Menge Geduld und Zähigkeit und hoher Motivation, allen kleinen und großen Widrigkeiten und Rückschlägen zum Trotz den Kurs zu halten auf dem Weg zur Schule ohne Gewalt und Mobbing.

> **Jede Schule erarbeitet selbstständig ein Schulprogramm, Grundlage für eigenverantwortliches Handeln. Wichtiger Punkt: Vorbeugen gegen und Abwehren von Gewalt.**

Der Weg ist steinig, doch die Aussicht auf die bessere Schule, auf weniger Gewalt und erfolgreicheres Lernen der Kinder lohnt alle Mühen. Auf diesem Weg begleiten Sie unsere besten Wünsche und Hoffnungen.

Serviceteil

Programme und Projekte

Peaceful Schools
Internationales Schulnetz, von Kanada ausgehend. Deutsche Kontaktadresse:
Peaceful Schools International
Deutschland e.V. (PSI)
Falkenweg 7
65719 Hofheim
Telefon: 06192/928090
E-Mail: LCS.Potential@web.de

No Blame Approach
Im deutschen Sprachraum wird bisher nur in der Schweiz mit diesem Ansatz gearbeitet und zwar durch die Züricher Pädagogische Hochschule in Zusammenarbeit mit einigen Schulen.
Das Projekt leitet Christopher Szaday
Pädagogische Hochschule Zürich
Postfach
CH-8035 Zürich
Telefon: 041 01 / 360 48 34
E-Mail: christopher.szaday@phzh.ch

Streitschlichter, Konfliktlotsen
Viele Schulen haben bereits Streitschlichter oder Konfliktlotsen ausgebildet und machen ihre Erfahrungen mit der so genannten Peer-Mediation, der Schlichtung durch gleichaltrige oder wenig ältere Schüler. Im Internet finden Sie unter diesen Stichworten über die gängigen Suchmaschinen (www.lycos.de, www.google.de, www.abacho.de usw.) Homepages von Schulen, die über ihre Erfahrungen berichten.

Schülermobbing-(Smob-)Befragung
Smob-Fragebogen zur Feststellung von Schülermobbing und Alltagsgewalt in der Schule. Schülermobbing – tun wir was dagegen!
AOL-Verlag
77839 Lichtenau
Telfon: 07227/95880
Fax: 07227/968895
E-Mail: bestellung@aol-verlag.de

Faustlos

Vom Committee for Children in Seattle, USA, entwickeltes Programm. In Deutschland drei Jahre im Rahmen einer Studie der Universität Heidelberg an Grundschulen getestet. Soll hier flächendeckend eingeführt werden. In Bayern kommt das Programm mit Unterstützung der Stiftung „Bündnis für Kinder gegen Gewalt" gut voran. Leiter:
Prof. Dr. med. Manfred Cierpka
Bergheimer Straße 54
69115 Heidelberg
Telefon: 06221/564701
Fax: 06221/564702
E-Mail: manfredcierpka@med.uni-heidelberg.de
www.faustlos.de

Pax an

Arbeitsgruppe am Landesinstitut für Schule und Medien (LISUM) Berlin. Lehrerfort- und -weiterbildung, unter anderem Ausbildung von Mediatoren und Konfliktlotsen in Grund- und Oberschulen.
Berliner Landesinstitut für Schule und Medien (LISUM).
Storkower Straße 133
10407 Berlin
Telefon: 030/90193266
www.lisum.de

Der Fachbereich Gewaltprävention der Senatsverwaltung für Bildung, Jugend und Sport bietet gute Informationen zum Thema Gewalt in der Schule unter
www.senbis.berlin.de/gewaltpraevention

Gewalt in der Schule

Ein neues internationales Internet-Portal bietet Hilfe im Umgang mit Gewalt in der Schule. Es nennt sich Visionary. Zum Projektteam gehören Wissenschaftler aus Deutschland, Dänemark, Finnland, Großbritannien und Portugal.
Visionary: www.gewalt-in-der-schule.info

Positive Pädagogik „Triple P"

Wissenschaftlich gestütztes pädagogisches Programm. Sowohl in Deutschland als auch in der Schweiz besteht ein Netz von Helfern, die Eltern von zwei- bis zwölfjährigen Kindern Trainings und Beratung bieten. Adressen von Fachleuten der Organisation in Ihrer Nähe und weitere Information:

Triple P Deutschland

PAG Institut für Psychologie
Nordstraße 22
48149 Münster
Telefon: 0251/518941
Fax: 0251/2007 9200
E-Mail: info@triplep.de
www.triplep.de

Triple P Schweiz

Institut für Familienforschung und Familienberatung, Universität Fribourg
Triple P, Avenue de la Gare 1
CH-1700 Fribourg
Telefon: 026/3007353
E-Mail: triplep@unifr.ch
www.triplep.ch

Hilfsorganisationen und Verbände

Kinderschutzbund
Deutscher Kinderschutzbund
Schiffsgraben 29
30159 Hannover
Telefon: 05 11/3 04 85
www.dksb.de

Österreichischer Kinderschutzbund/ Verein für gewaltlose Erziehung
Obere Augartenstraße 26-28
A-1020 Wien
Telefon: 01/3 32 50 01
www.kinderschutz.at

Schweizerischer Kinderschutzbund
Brunnmattstraße 38
CH-3000 Bern
Telefon: 031/3 82 02 33
www.pro-kids.ch/kinderschutz.htm

Verband SKJP
Schweizerische Vereinigung für Kinder- und Jugendpsychologie
Hauptgasse 35
Postfach 1029
CH-4450 Solothurn
Telefon: 0 41/32 6 21 30 30
Fax: 0 41/32 6 21 30 38
E-Mail: info@skjp.ch
www.skjp.ch

Aktion Humane Schule e.V. (AHS)
Bundesgeschäftsstelle
Dipl.-Päd. Detlef Träbert
Merheimer Straße 484
50735 Köln
Telefon: 02 21/9 74 32-97
Fax: 02 21/9 74 32-98
E-Mail: detlef.traebert@t-online.de
Die AHS setzt sich für kindgerechtere und menschlichere schulen ein, vermittelt Beratungsadressen, benennt Referenten und gibt schriftliche Informationen heraus.

Arbeitskreis Neue Erziehung e.V.
Boppstr. 10
10967 Berlin
Telefon: 030/25 90 06-0
www.arbeitskreis-neue-erziehung.de

Der Verein Arbeitskreis Neue Erziehung e.V. bietet auf seiner Homepage die folgenden Materialien und Leistungen an: Elternbriefe zu Erziehungsfragen (Kinder von 0–8 Jahren), die kostenpflichtig bezogen werden können; eine Datenbank (Berliner Eltern-Netz) mit ca. 4000 Angeboten für Eltern mit Kindern von 0–6 Jahren (von A wie Adoptivkinder bis Z wie Zwillingskinder); Infos rund um die Schule (Infoservice für Elternvertreter an Grundschulen, Schülerberatung, ein kostenpflichtiges Streit-Schlichtungs-Training für Schülervertreter der Sek. I und Schulrechtsberatung) sowie Hinweise für türkische Eltern und eine Online-Beratung für Eltern.

Redaktionsschluss für die Überprüfung der WWW-Adressen: 31. Mai 2003. Wir können nicht ausschließen, dass unter einer solchen Adresse inzwischen ein anderer Inhalt angeboten wird.

Amtliche Stellen

Die Kultusministerien und Senatsverwaltungen der Bundesländer informieren die Eltern einerseits durch Broschüren und Veröffentlichungen verschiedener Art. Sie können über deren Pressestellen auch die für Eltern geltenden Bestimmungen erhalten. Außerdem können Sie in fast allen Bundesländern zwischenzeitlich die geltenden Bestimmungen wie Schulgesetze und Verordnungen, aber auch Bildungspläne von so genannten Bildungsservern der einzelnen Länder auf Ihren Computer laden. Die Informationsmöglichkeiten sind in Österreich und der Schweiz ähnlich organisiert.

Bundesministerium für Bildung, Wissenschaft und Kultur
Abteilung V/4
(Schulpsychologie-Bildungsberatung)
Freyung 1
A-1014 Wien
Telefon: 01/5 31 20
E-Mail: schulpsychologie@bmbwk.gv.at
www.bmbwk.gv.at

Bundeselternrat (BER)
Grantham-Allee 20
53757 St. Augustin
Telefon: 0 22 41/8 65-263/-264
Fax: 0 22 41/8 65 265
E-Mail: Bundeselternrat@gmx.de
www.bundeselternrat.de

Internettipps

Die Suche nach bestimmten Informationen zum Bildungswesen über das Internet ist durch die Einrichtung nationaler Internetportale für den Bildungsbereich deutlich verbessert und vereinfacht worden.

Deutschland
Das zentrale staatliche Internetportal hat die Adresse:
www.deutschland.de.
Von hier aus gelangen Sie zu allen Ebenen und Inhalten, die Sie suchen.
Direkter ist der deutsche Bildungsserver:
www.bildungsserver.de.
Hier finden Sie sowohl sämtliche Adressen der Kultusbehörden Ihres Landes als auch diejenigen der Elternorganisationen und –vertretungen. Dazu inhaltliche Informationen über alle möglichen Themen und Projekte, Gesetzestexte, wissenschaftliche Datenbanken.

www.cornelsen-eltern.de
Elternchat, Beratung zu Schul- und Erziehungsthemen.

In Nordrhein-Westfalen zum Beispiel gibt es den Informationsdienst des Landesfortbildungsinstituts in Soest unter
www.learn-line.nrw.de.

Österreich
Der österreichische Bildungsserver hat die Adresse www.bildung.at. Von hier aus können Sie die Bildungsserver der einzelnen Bundesländer ansteuern sowie zentrale Informationen abrufen. Das Bundesministerium für Bildung, Wissenschaft und Kultur erreichen Sie direkt über www.bmbwk.gv.at.

Schweiz
Schulen und Bildung in der Schweiz sind zu erreichen über www.bildung.ch.
Von dort kommen Sie weiter zu Ihrem kantonalen Erziehungsdepartement. Eine Initiative reformorientierter Schulen erreichen Sie unter www.schulnetz.ch, eine andere über Swiss Education Network: www.sen.ch.

Beratung in Notfällen

Deutschland
Nummer gegen Kummer. Bundesweit kostenlose Rufnummer für Kinder und Jugendliche. Für alle Sorgen und Probleme:
0800/ 1 11 03 33
Montags bis freitags 15 bis 19 Uhr.
Außerdem gibt es in fast 100 Städten ein eigenes Kinder- und Jugendtelefon.

Kostenloser bundesweiter Internet-Beratungsdienst per E-Mail durch Fachleute:
www.schueler-notruf.de
www.eltern-notruf.de
Dieser Dienst hilft auch bei Missbrauch, bei Sucht- und anderen Problemen.

Alle Landkreise und kreisfreien Städte unterhalten Beratungsstellen, die mit Fachpersonal arbeiten und ihren Bürgern kostenlos zur Verfügung stehen. Adressen finden Sie in Ihrem Telefonbuch oder über Ihre Stadt- bzw. Kreisverwaltung. Hier finden Sie auch das zuständige Jugendamt.

Die Schulbehörden unterhalten schulpsychologische Beratungsstellen, die teilweise als Bildungsberatungsstellen bezeichnet werden. Teilweise heißen sie auch schulpsychologischer Dienst. Diese Stellen können durch die Bürger des Einzugsgebietes kostenfrei in Anspruch genommen werden.

Österreich
Beratungstelefon des Amtes für Jugend und Familie, MAG ELF-Telefon:
Telefon: 01/40 00-80 11

Wiener Kindertelefon
Telefon: 01/319-666

Schweiz
Sorgentelefon für Kinder GmbH
Telefon: 08 00/55 42 10

Kindertelefon (KEB)
Telefon: 033/8 22 13 12

Kinder- und jugendpsychologische bzw. schulpsychologische Dienste sowie Erziehungsberatungsstellen sind in allen Kantonen vertreten. Die Adressen finden Sie im örtlichen Telefonbuch.